泰山学院学术著作出版基金资助出版

信息隐藏与数字水印

冯 斌 冯 玲 张国锋 段西强 张 雷 著

机械工业出版社

本书共 7 章，对信息安全中信息隐藏及数字水印技术的相关知识及部分具体应用进行了详细介绍。第 1 章主要介绍信息隐藏技术及其具有代表性的隐写术、数字水印和秘密共享三大研究热点技术；第 2、3 章分别介绍基于不同载体下的信息隐藏方案；第 4、5 章分别介绍秘密共享方案；第 6、7 章分别介绍一种可逆水印方案及篡改定位恢复算法。

本书由浅入深、循序渐进地描述了相关理论知识及具体应用方法，可作为信息隐藏及数字水印领域的研究生及学者的参考用书。

图书在版编目（CIP）数据

信息隐藏与数字水印/冯斌等著. —北京：机械工业出版社，2021.9
（2023.12 重印）

ISBN 978-7-111-69314-7

Ⅰ．①信… Ⅱ．①冯… Ⅲ．①信息安全 Ⅳ．①G203

中国版本图书馆 CIP 数据核字（2021）第 204500 号

机械工业出版社（北京市百万庄大街 22 号　邮政编码 100037）
策划编辑：路乙达　责任编辑：路乙达
责任校对：肖　琳　封面设计：张　静
责任印制：常天培
北京机工印刷厂有限公司印刷
2023 年 12 月第 1 版第 3 次印刷
184mm×260mm · 7.75 印张 · 181 千字
标准书号：ISBN 978-7-111-69314-7
定价：39.00 元

电话服务　　　　　　　　网络服务

客服电话：010-88361066　　机　工　官　网：www.cmpbook.com
　　　　　010-88379833　　机　工　官　博：weibo.com/cmp1952
　　　　　010-68326294　　金　书　网：www.golden-book.com
封底无防伪标均为盗版　　　机工教育服务网：www.cmpedu.com

前　　言

　　计算机网络的飞速发展使互联网成为人们生活和工作中必不可少的信息传输媒介。互联网作为一个公开的信道，恶意攻击者可以使用各种不法手段来获取、破坏互联网中传输的各种数据信息，如果这些传输的文字或图像信息是相关领域的关键数据，如医疗、法律、军事等领域，那么这些信息的泄露或损坏就会造成不可预知的后果。信息隐藏技术是信息安全领域的一门多学科融合技术，其在不影响原始载体媒介正常使用的前提下，通过一定的方法将秘密信息隐藏到公开的数字媒介之中。由于该技术本身拥有的超越传统密码学的诸多优点，其已广泛应用于数字媒体版权保护、隐秘通信等领域。在解决数字图像的版权保护、内容认证等信息安全问题上，数字水印同样也扮演着非常重要的角色。

　　本书的主要内容是研究信息隐藏及数字水印技术在特定载体中的具体应用，共分为7章。

　　第1章主要介绍了信息隐藏技术的产生背景、意义、分类及特性，并根据其研究侧重点不同分别论述了隐写术技术、数字水印技术及秘密共享技术的相关概念、发展现状及主要应用领域等。

　　第2章介绍了一种新颖的利用相像的繁体字和简体字来实现信息隐藏的方案。对于数据传输来说，文本信息的隐藏需要更少的存储空间和较小的带宽，它的应用具有明显的普遍性和广泛性。但由于文本信息具有较低的冗余性，这就导致隐藏文本信息时比较困难。本章介绍了利用繁简同形字来进行文本信息隐藏的方案，简化了嵌入和提取的过程，并通过实验证明了其可行性。

　　第3章介绍了一种新颖的通过DNA序列作为载体的信息隐藏方案，并利用两个改变的核苷酸间的距离比特的位数来表示隐藏的秘密数据，实现了比传统的信息隐藏载体（如文本、音频、视频等）更高的安全性和鲁棒性。

　　第4章介绍了一种主动式多秘密共享方案。在该方案中，相应的参与者不仅可以共享多个秘密，而且可以在共享秘密信息没有被改变的前提下定期更新手中的秘密份额，同时销毁上一个时间周期内的秘密份额，进一步增强了安全性。

　　第5章介绍了一种可以应用于图像秘密的可逆的主动秘密图像共享方案。该方案可以没有任何损失地重构出秘密图像和伪装图像，并且不会出现溢出问题。

　　第6章介绍了一种包含新的溢出解决方法的可逆水印方案，该方案两次嵌入信息，第一次使用基于整数小波变换的直方图平移将水印信息均匀嵌于载体图像；第二次使用低失真可逆水印算法调整溢出像素并嵌入调整信息，以解决溢出问题。

　　第7章介绍了一种新的基于Arnold置乱的半脆弱性水印算法，用于Arnold置乱图像和明文图像内容完整性认证，并采用分层思想进行水印提取、篡改定位及恢复。本章中的算法对原文图像的影响更小，同时还可以实现秘密图像的篡改定位，具有更高的峰值信噪比和更高的定位精度。

本书第 1、4、6 章由冯斌撰写，第 2 章由张国锋撰写，第 3 章由段西强撰写，第 5 章由张雷撰写，第 7 章由冯玲撰写。

本书得到国家自然科学基金面上项目"面向多源数据发布的社会数据安全共享机制研究"（项目编号：62071320）、"基于海量图片生命周期的云端隐私保护系统研究"（项目编号：61771090）、国家自然科学基金青年基金"内容认证与版权保护的图像水印算法研究"（项目编号：61401060）、山东省社会科学规划研究项目"网络空间安全环境治理下建立'三位一体'个人隐私数据保护机制研究"（项目编号：20CGLJ34）以及山东省科技厅重大研发项目"面向多重云环境下的数据存储安全及隐私保护关键技术研究"（项目编号：2019GGX101019）的经费资助。同时本书列为"泰山学院学术著作出版基金资助出版"项目。本书可作为信息隐藏及数字水印领域的研究生及学者的参考用书。

本书是在作者及科研团队多年的理论和实践工作的基础上梳理完成的。在本书撰写过程中，作者得到了国内很多学者的支持和帮助，特别是大连理工大学李明楚教授、郭成教授及中国科学院信息工程研究所王树鹏研究员等，他们从本书的整体结构到内容编排都给予了热情帮助并提出了建设性的意见，在此深表感谢；山东省数据安全与隐私保护科研团队的专家们对本书的内容进行了整理，在此表示衷心的感谢。另外，本书参考了很多文献资料及经典算法，在此对算法的提出者及文献资料的原作者表示深深的感谢。泰山学院的各级领导对本书的出版给予了很大的支持和鼓励，在此表示衷心的感谢。

由于作者水平有限，书中难免有疏漏或不尽如人意之处，恳请广大读者多提宝贵意见，共同探讨信息隐藏及数字水印领域中先进的方法及技术应用。

作　者

目 录

前言
第1章　基础知识概论 ··············· 1
1.1　信息隐藏技术 ··············· 1
1.1.1　信息隐藏技术的产生背景与意义 ···· 1
1.1.2　信息隐藏技术的分类 ······ 2
1.1.3　信息隐藏技术的特性 ······ 2
1.2　隐写术技术 ················ 3
1.2.1　隐写术技术概述 ········· 3
1.2.2　隐写术技术的国内外研究现状 ···· 4
1.3　数字水印技术 ··············· 5
1.3.1　数字水印技术产生背景 ······ 5
1.3.2　数字水印技术的基本框架 ····· 6
1.3.3　数字水印技术的性能指标 ····· 7
1.3.4　数字水印的分类 ········· 8
1.3.5　数字水印技术的国内外研究现状 ··· 10
1.4　隐写术技术和数字水印技术的区别 ···· 11
1.5　秘密共享技术 ··············· 12
1.5.1　秘密共享理论 ··········· 12
1.5.2　秘密图像共享技术 ········ 14
1.6　信息隐藏技术的应用 ··········· 17
1.6.1　隐写术技术的应用 ········ 17
1.6.2　数字水印技术的应用 ······· 17

第2章　一个新颖的汉字文本信息隐藏方案 ··············· 19
2.1　引言 ···················· 19
2.2　相关知识介绍 ··············· 20
2.2.1　汉字编码知识介绍 ········ 20
2.2.2　文本信息隐藏的主要方法 ····· 20
2.2.3　基于L-R和U-D结构汉字的可逆信息隐藏方案 ········· 22
2.3　基于繁简同形字的汉字文本隐藏方案 ··· 23
2.3.1　加密过程 ············· 24
2.3.2　解密过程 ············· 25
2.4　实验和分析 ················ 26

本章小结 ······················ 28

第3章　基于DNA序列的数据隐藏方案 ··················· 29
3.1　引言 ···················· 29
3.2　相关知识介绍 ··············· 30
3.2.1　主要符号介绍 ··········· 30
3.2.2　DNA的结构 ··········· 30
3.2.3　替换法DNA信息隐藏方案 ··· 32
3.2.4　插入法DNA信息隐藏方案 ··· 33
3.2.5　互补对法DNA信息隐藏方案 ·· 35
3.3　基于DNA序列的数据隐藏方案 ····· 35
3.4　实验和分析 ················ 37
3.4.1　安全性分析 ············ 37
3.4.2　模拟实验 ············· 38
3.4.3　实验结果分析 ··········· 40

本章小结 ······················ 41

第4章　主动秘密共享方案 ············ 42
4.1　引言 ···················· 42
4.2　相关知识介绍 ··············· 43
4.2.1　秘密共享方案的理论基础 ····· 43
4.2.2　基于拉格朗日插值多项式的秘密共享算法 ············ 47
4.2.3　基于中国剩余定理的秘密共享算法 ··············· 48
4.2.4　基于阈值方案的多秘密共享方案 ·············· 48
4.3　一种新颖的主动式多秘密共享方案 ···· 50
4.4　实验和分析 ················ 51

本章小结 ······················ 52

第5章　可逆的主动秘密图像共享方案 ···· 53
5.1　引言 ···················· 53
5.2　相关知识介绍 ··············· 55

5.2.1 基于多项式的秘密共享方案 ……… 55
5.2.2 基于 Shamir(t,n)门限的图像秘密共享 ……… 55
5.2.3 基于隐写术的秘密图像共享方案 ……… 56
5.2.4 基于离散对数难解的主动秘密共享方案 ……… 57
5.2.5 PSNR ……… 58
5.3 可逆的主动秘密图像共享方案设计 ……… 59
5.3.1 共享阶段 ……… 59
5.3.2 隐藏阶段 ……… 60
5.3.3 更新阶段 ……… 60
5.3.4 秘密图像获取阶段 ……… 61
5.4 实验和分析 ……… 62
5.4.1 模拟结果 ……… 62
5.4.2 讨论 ……… 64
本章小结 ……… 66

第 6 章 一种包含新的溢出解决方法的可逆水印方案 ……… 67
6.1 引言 ……… 67
6.2 相关知识介绍 ……… 69
6.2.1 可逆图像水印 ……… 69
6.2.2 Logistic 映射 ……… 71
6.2.3 Torus 自同构映射 ……… 71
6.2.4 整数小波变换 ……… 72
6.2.5 基于整数小波变换的直方图平移 ……… 72
6.2.6 低失真可逆水印算法 ……… 74
6.2.7 循环冗余校验 ……… 75
6.2.8 结构相似性 ……… 75
6.3 低失真溢出处理算法 ……… 76

6.3.1 溢出处理过程 ……… 77
6.3.2 溢出恢复过程 ……… 79
6.4 可逆水印方案 ……… 79
6.4.1 水印嵌入过程 ……… 79
6.4.2 提取和恢复过程 ……… 81
6.5 实验和分析 ……… 82
6.5.1 安全性分析 ……… 82
6.5.2 溢出处理算法性能分析 ……… 82
6.5.3 可逆性分析 ……… 83
6.5.4 质量和容量分析 ……… 84
6.5.5 鲁棒性分析 ……… 84
本章小结 ……… 86

第 7 章 基于 Arnold 置乱的三层篡改定位及恢复的半脆弱性水印算法 ……… 87
7.1 引言 ……… 87
7.2 相关知识介绍 ……… 90
7.2.1 图像篡改定位与恢复 ……… 90
7.2.2 图像置乱算法 ……… 92
7.2.3 空间域 LSB 算法 ……… 94
7.3 基于 Arnold 置乱的三层篡改定位及恢复的半脆弱性水印算法设计 ……… 94
7.3.1 基于分块的水印嵌入 ……… 95
7.3.2 图像 Arnold 置乱加密 ……… 98
7.3.3 基于分块的篡改检测与定位 ……… 98
7.3.4 基于分块的篡改恢复 ……… 103
7.4 实验和分析 ……… 104
7.4.1 图像质量的衡量 ……… 104
7.4.2 篡改定位和恢复 ……… 105
本章小结 ……… 109

参考文献 ……… 110

第 1 章 基础知识概论

1.1 信息隐藏技术

1.1.1 信息隐藏技术的产生背景与意义

信息隐藏是指不让除预期的接收者之外的任何人知晓信息的传递事件或者信息的内容。信息隐藏技术通过特定的过程，将秘密数据藏入各种通信载体中，如文本、图像、视频、音频等，进而得到一个藏有秘密数据的隐藏信息，实现对信息的机密性保护、数据的不可抵赖性保护、多媒体信息的版权保护及防伪造等。

近年来，随着计算机技术和互联网的高速发展，信息在网络中的传输越来越频繁，人类已经进入了信息时代。但是，由于互联网属于一种公开信道，在其中传播的信息不仅数量巨大，而且很容易受到攻击者的监听和窃取，信息的安全性正面临着越来越严重的挑战，因此必须对网络中传输的信息进行保护[1-3]。传统的信息保护手段是通过对秘密信息进行加密，使得秘密攻击者即使从网络中截获传输的秘密信息也无法得到真实的秘密信息，从而实现对数据的保护。但是这种方法有一个严重的缺点，即当在网络中传输这种加密后的秘密信息时，由于对数据加密后得到的数据往往没有意义，因此相对于正常的信息，该类无意义的信息更容易引起攻击者的注意。与此同时，随着多媒体技术的迅速发展，计算机网络成为多媒体信息发布传播的重要平台，如人们可通过网络发布歌曲、图片、软件等多媒体信息。但是，这些多媒体信息的版权所有者又希望可以防止多媒体信息被非法传播、修改或者复制。于是多媒体信息的版权保护问题也逐渐成为人们关注的一个焦点。使用传统的密码学方法虽然可保证多媒体信息在传输过程中的机密性，但是当接收者收到这些信息并且解密后，这些信息的版权问题却无法通过此方法来得到保证。

为了解决如上密码学方法在保护信息的机密性和多媒体信息的版权问题中存在的两个缺点，信息隐藏技术应运而生。信息隐藏技术是近几十年发展起来的信息技术，它属于一门交叉学科技术，横跨诸如通信、信息论、信号处理、密码学等多个不同的学科领域和方向。正是因为这种跨学科性及其使用性，使得信息隐藏技术的研究越来越受到人们的关注。信息隐藏的过程可用 Simmons[4]提出的"囚犯问题"进行描述：假设 A 和 B 是关押在两个牢房的囚犯，为了一起越狱就必须进行通信，但是 A 和 B 的通信内容都会毫无隐藏地被守卫 C 看到并检查，为了保证与越狱相关的通信顺利进行，他们必须把信息隐藏在某些与越狱无关的载体中，如文字、图片等。使用信息隐藏技术实现对信息机密性的保护主要是利用了人的感觉器官对数字信号的不敏感性。

信息隐藏技术是信息安全领域的一个热门研究方向。国际上信息隐藏技术研究起步较早，而国内对于信息隐藏技术的研究是在 1999 年全国信息隐藏暨多媒体信息安全学术大会（China Information Hiding Workshop，CIHW）之后兴起的[5]。经过多年的发展，在国内外众多学者的努力下，以视频和图像为载体的信息隐藏研究取得了不少的成果[6]。目前，以图像、视频和音频为载体的信息隐藏研究成果在数量上大大超过以文本为载体的研究成果[7]。文本的数据量较小，存在的冗余信息也较少，较难将秘密信息嵌入其中[8]。在文本信息隐藏研究的初级阶段，大多数方法是将文本视为文本图像，通过图像信息隐藏方法嵌入待隐藏信息[9]。然而，将文本数据当成图像来处理时没有利用文本数据具有的属性[10]，不能取得较好的信息隐藏效果。文本是信息交流与信息传递的重要载体。由于互联网的开放性及信息传播的不确定性，文本被恶意伪造和非法篡改的事件时常发生。通过文本信息隐藏技术保障文本内容安全是信息安全领域亟待解决的重要任务。

根据信息隐藏技术的应用背景及环境，可把信息隐藏技术分为很多类别，下面将对其进行详细的介绍。

1.1.2　信息隐藏技术的分类

在信息隐藏技术的发展过程中，许多有价值的信息隐藏技术被学者们提了出来。为了有效地对信息隐藏技术进行研究和学习，必须对信息隐藏技术进行分类。按照不同的划分标准可将信息隐藏技术划分为不同的类型。

1. 按照信息隐藏技术保护的目的进行划分

按照信息隐藏技术保护的目的进行划分，信息隐藏技术可分为数字水印（Digital Watermarking）技术[11]和隐写术技术[12]，隐写术技术也称为数据隐藏技术。其中，数字水印技术实现对媒体信息的保护，防止其被非法传播、篡改，主要应用在商业领域。根据数字水印技术应用的目的，可在要保护的多媒体信息中嵌入诸如版权标志、数字指纹和复制标志等信息。而隐写术技术主要是实现对通信过程信息的机密性的保护。

2. 按照信息隐藏实现过程中的载体进行划分

按照信息隐藏实现过程中的载体进行划分，信息隐藏技术又可分为文本信息隐藏方案[13-15]、图像信息隐藏方案[16-19]、音频信息隐藏方案[20-21]、视频信息隐藏方案[22-23]、超文本信息隐藏方案及基于 DNA[24-26]的信息隐藏方案等技术。顾名思义，这些方案主要的区别是利用了诸如图像、文本、音频、视频等不同的通信载体实现信息隐藏。

3. 按照信息隐藏方案的可逆性进行划分

按照信息隐藏方案的可逆性进行划分，可将信息隐藏方案分为可逆的信息隐藏方案和不可逆的信息隐藏方案。前者主要指的是不仅可恢复出秘密信息，也可无损地得到载体信息；而后者仅仅可提出秘密信息而无法得到完整的载体信息。

1.1.3　信息隐藏技术的特性

信息隐藏技术可以应用在不同的领域，并且应用在不同环境中的数据隐藏方案会有不同的特性，但是这些数据隐藏方案存在一些相同的基本特性，如鲁棒性、稳定性、安全性以及不可感知性。下面给出这些特性的具体定义。

1. 鲁棒性

鲁棒性是指隐藏秘密信息的载体在隐藏完秘密信息后即使受到一定的扰动也能恢复出秘密信息。例如，当载体为图像时，如果隐藏图像的像素遭到损坏，隐藏在其中的秘密信息也能恢复，即要求秘密信息不能轻易丢失。

2. 稳定性

稳定性是指隐藏的秘密信息能够长时间存在于载体中，并且通过一定的算法可重构出秘密信息。

3. 安全性

安全性是指在不知道提取秘密信息算法的情况下能够成功获取秘密信息的概率几乎为零。

4. 不可感知性

不可感知性是指嵌入的秘密信息与原始载体信息具有一致性，攻击者无法检测出其中是否存在秘密信息。

除了上述几种主要特性之外，信息隐藏技术还有一些其他的具体特性，如嵌入算法的效率、是否多重嵌入、是否盲提取等，这往往需要在不用的应用环境下选择不同的特性进行衡量。

1.2 隐写术技术

1.2.1 隐写术技术概述

隐写术是信息隐藏的一个重要分支学科。加密是保护信息的内容，隐写术是一门关于信息隐藏的技巧与科学。"隐写术"这个术语源自于古希腊，翻译为 Covered Writing，通常被解释为把信息隐藏于其他信息中。隐写术应用于现在网络信息传输过程的含义是将要发送的信息隐藏在一种载体中，使得除了秘密的发送者和接收者外的其他人无法通过感官察觉到秘密信息的存在。在人类的历史中一直存在着利用隐写术的有趣例子[27-29]，如：

1）第二次世界大战期间，为了保证安全，人们使用隐形墨水在纸上写字。写完字的纸对一般人来说似乎只是空白的纸，但是接收者使用特殊液体，如牛奶、醋和果汁等让纸变湿润，纸上的字迹会显现并变得肉眼可见。

2）希腊人从蜡中取出小片记录上信息并覆盖到蜡内部，然后重新使用这个蜡；接收者只需从蜡中取出记录消息的小片即可读取消息，这可以说是最古老的信息隐藏方法之一。

3）还有一个有趣的故事，在古希腊，信息传递者往往被剃光头，然后在其头上写下消息。写下消息不久后其头发就会生长出来，然后该使者就会被派去传递信息，接收者剃掉其头发就可得到传递的消息。当然，这种方式适合对时间要求不高的信息传递。

现在常用的一些通信载体包括文本、图像、音频、视频等，使用这些载体不仅是因为它们是网络传输中常用的信息，更是利用了这些载体本身具有的冗余性实现信息隐藏。一个完整的隐写术过程包括以下 3 个过程：①对秘密信息进行预处理（包括加密、编码等）；②运用特定的嵌入算法将秘密信息嵌入载体中；③根据提取算法提取出秘密信息。另外，在隐写术中使用藏量、鲁棒性以及不可感知性来衡量方案的可行性。通常需要在这 3 个性能参数中进行折中，进而达到最优效果。然而，利用如上的载体进行数据隐藏，总是会不同程度地损坏这些载体。这样，当通过网络传输这些隐藏了秘密数据的隐藏信息后，在一定程度上增大了攻击者攻击的可能。随着生物技术的不断发展，人们对 DNA 的认识逐渐深入，一些利用 DNA 作为通信载体的信息隐藏方案被提了出来，并且这些方案相比传统的信息隐藏方案有较好的可行性。

1999 年 Marvel[30-31]提出了隐写术的基本原理，简单来说就是将秘密信息数据嵌入噪声信号中，然后将藏入信息的噪声嵌入载体中。这就导致载体中存在着噪声信号，如果噪声的容量不大，人们不会察觉到载体中的秘密信息。当需要提取秘密信息时，通过载体信息恢复和差错控制编码技术对秘密信息进行提取。

目前，研究者对隐写术的基本原理可以概括如下：首先，对欲隐藏的秘密信息进行编码、压缩等预处理操作；然后，使用特定的隐藏算法将处理后的秘密信息嵌入相应的载体中，其中载体媒介可以为图像、文本、视频等多种形式；接着，使用特定的隐蔽信道进行通信，即对载有秘密信息的载体进行传输；最后，使用相应的提取算法和密钥进行秘密信息的提取操作。

隐写术技术在一定程度上保证了用户私密信息的安全，广泛应用在军事、电子商务、政务等多个领域[32-33]。

1.2.2　隐写术技术的国内外研究现状

隐写术技术的研究工作在 20 世纪 90 年代中后期时才刚刚起步，发展到现在，研究的方向主要有两类，即隐写和隐写分析。前者侧重于应用研究，即如何尽可能多地将秘密信息隐藏在相应的多媒体载体中；而后者侧重于理论研究，通过理论分析和实验，检测多媒体载体中秘密信息存在的可能性，即检测载体中有无信息隐藏，有无提取和破坏隐藏的秘密信息。因此，这两类工作看似互相矛盾，但也同样互相促进。

LSB（Least Significant Bit，最低有效位）隐写[34]是必须提及的一种隐写技术，其简单、通用且隐藏容量大的特点得到了人们的认同。LSB 隐写将秘密信息隐藏在载体图像最不重要的位面上。其原理为：计算机用字节来表示颜色的分量数值，一个字节是 8 位，这样每个字节的每个位就组成了一个位面，分别称为位面 0、1、2、3、4、5、6、7。每个字节低位的变化对图像的视觉影响很小，因此可以把低位（最小意义位）视为冗余空间。通常把秘密信息隐藏在 0 位面可以最大限度地保证透明性，但是考虑到仅仅隐藏在 0 位面其隐藏量太小的问题，可以嵌入位面 0、1、2、3 中，从而提高信息的嵌入量。由于不重要位面上值的改变对载体图像的影响非常微弱，因此能达到很好的隐藏效果而不被发觉。LSB 隐写所要保护的对象就是秘密信息本身，因此这种技术要求不被检测到，透明性好。

针对 LSB 的隐写分析方法同样也发展迅速，其中 RS（Regular Singular，正则单数）[35]

分析方法通过利用图像块空间相关性检测秘密信息，该方法认为 LSB 隐写在一定程度上能由其他位平面进行预测，而篡改 LSB 则会减弱这种可预测性。GPC（Gray-level Plane Crossing，灰度平面交叉）隐写分析方法[36]通过利用相邻像素相关性检测秘密信息。为了提高抵抗隐写分析的表现，直方图补偿隐写方法试图将隐写引起的直方图失真补偿回来。可以看出，LSB 隐写和隐写分析方法已逐步走向成熟，其以透明性好、算法简单、嵌入速度快、隐藏容量大等变换域算法不可比拟的优点而被广泛应用。目前有 OutGuess、S-Tools4 等软件采用 LSB 隐写算法，并得到了很好的应用。

在隐写术的研究中，以文本为载体的信息隐藏[13-14]也得到了很大的发展。由于载体的冗余性，目前信息隐藏大多选择音频、视频或图像等作为载体[22,37-38]。而以文本为载体的信息隐藏则通过改变文本的某些特征来实现，这会使文档的内容发生变化，通过这种内容上的变化来进行秘密信息的隐藏。和视频或图像相比，以文本为载体的信息隐藏实现起来比较困难，这是由于文本不含有任何冗余信息。

基于音频的信息隐藏方案随着 MP3、AC-3 压缩标准的广泛普及逐渐引起了学者们的注意。音频数据产品越来越多，如何对重要的音频信息进行保护就是需要研究的问题。音频信息和图像信息隐藏的不同之处主要在于载体的状态。具体来说，图像载体是静态的，而音频载体则是动态的，因此针对动态音频设计信息隐藏算法就要难得多。例如，国内外针对音频的信息隐藏方法有：LSB 隐写算法[34]，通过修改音频数据的最低比特位来嵌入秘密信息；回声隐写算法[38]，通过利用时域听觉掩蔽效应，在需要隐写的音频信息中引入回声，通过改变回声的初始幅度、时间延迟的衰减速度来藏入秘密信息；等等。

基于超文本的信息隐藏方案是利用超文本特有的组成信息进行信息隐藏。超文本是用超链接的方式将不同空间的文字、图像、音频、视频等信息组织在一起的网状文本。随着互联网技术的发展，超文本作为一种信息组织技术出现[39]。由于超文本的节点信息包含文字、图像、音频、视频等多媒体信息，因此以超文本作为信息载体的技术引起了学者们的注意。目前，现有的基于超文本的信息隐藏方法一般是利用在行尾插入空格和制表符来表示 0 和 1 的方法来实现。

基于视频的信息隐藏方案在视频水印中得到了巨大的应用，在很大程度上保护了视频信息的版权安全。

1.3　数字水印技术

1.3.1　数字水印技术产生背景

随着数字技术和数字产业的发展，数字图像已经逐渐取代了传统的模拟图像，广泛应用于人们的日常生活和工作中。数字格式的图像在计算机上易于存储、编辑、修改和使用，同时通过计算机网络也易于查询、分发、共享，相比于模拟图像显示了其巨大的生命力。如今，功能强大的数字图像编辑和处理工具已经可以帮助人们对数字图像进行各类操作，即便是计算机业余爱好者也能通过数字图像处理软件恶意地修改数字图像，创建一个逼真的伪造作品。

在人类发展史中，先进的技术成为"双刃剑"的现象时有发生，如核技术、克隆技术等。不可否认，数字图像技术也正扮演着这种"双刃剑"的角色，在方便人们的同时也给人们的生活带来了某些负面的影响，其中以假乱真的伪造或篡改数字图像给人们带来的安全隐患就是其中最为重要的一个负面影响。现实生活中，篡改和伪造的数字图像如果被用于正式媒体、医学诊断、电子票据和法庭证物等，将会对医疗、电子交易等诸多方面产生负面影响。因此，在数字图像应用中，特别是在数字图像的完整、真实、可信等非常关键的应用中，提供一种验证数字图像的完整性、真实性的工具就显得非常必要。

传统的信息认证方案采用的是数字签名技术。信息发送者用其私钥对所传内容进行加密运算得到签名，由于发送者的私钥只有其本人才有，因此一旦完成了签名便保证了发送者无法抵赖曾发送过该信息（不可抵赖性）；当接收者收到签名过的信息后，就可用发送者的公钥对数字签名的真实性进行验证，经验证无误的签名在证实内容真实性的同时也确保了信息在经签名后未被篡改（完整性）。数字签名可与所传内容一起存放，也可单独存放。传统的信息认证方案用于数字图像认证时，存在数字签名技术只能判断数字图像是否真实和完整，而不能提供更具体的相关信息，且认证系统需要额外保存和传送签名信息等缺点。数字图像水印技术可作为传统信息认证方案的有效补充，以不同于数字签名技术的特点，为数字图像的认证技术带来新的解决方案。

数字水印技术就是利用数字媒体（图像、文档、视频、音频等）作为载体，将数字水印（认证信息、标识信息等）嵌入上述载体中。该过程不会影响原载体的观赏和使用价值，而且嵌入的信息也难以察觉和修改，并且第三方依旧能够对载体进行修改。但是通过发送方提供的水印算法，接收者被授权后可以正确识别并提取嵌入的信息。

基于水印技术的数字图像认证技术与基于传统信息认证方案的图像认证技术相比，具有两方面较明显的优势：其一，认证信息直接隐藏在原始图像中，不需要另行存储和传送，避免了认证信息丢失的安全隐患，省去了认证信息额外管理、传送的麻烦；其二，水印和含水印的图像一起经历相同的变换，通过分析水印，不仅可知道图像是否发生变化，还可推断出何时何地发生怎样的变化。

1.3.2 数字水印技术的基本框架

数字水印技术基本上遵循一个大体的流程，主要可以分为以下几个阶段：水印信息预处理阶段、嵌入水印阶段、提取水印阶段，如图1-1所示。

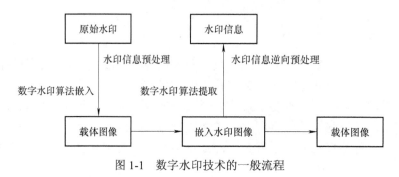

图1-1 数字水印技术的一般流程

1. 水印信息预处理阶段

水印信息预处理阶段是对水印信息的原本语义进行处理，使其符合嵌入图像的语言，如将文字转化成 0 和 1 的比特流。如果需要进一步加密，也可以把转换成的比特流进一步加密形成新的比特流。这样就能方便地用嵌入信息对图像的像素值进行操作。

2. 嵌入水印阶段

嵌入水印阶段是数字水印的核心步骤，是将数字水印算法实际运用到特定的载体图像上。首先是对要嵌入的宿主图像进行一定程度的处理，包括对图像进行分块、可嵌入区域和不可嵌入区域的判定和选择等。将处理好的水印信息和处理好的载体图像用数字水印算法结合，从频域或者时域对原图像进行修改，最终完成水印嵌入。

3. 提取水印阶段

提取水印阶段是授权用户对数字水印信息进行提取的阶段，采用与嵌入数字水印算法相匹配的提取算法，正确提取出嵌入的水印信息。

综上所述，数字水印的一般流程可以简述为：对要嵌入的数字水印信息进行预处理后，用要采用的数字水印嵌入算法进行在载体图像中的嵌入。把嵌入水印信息的数字图像通过信道发送给授权用户，未授权用户即使在信道中获取了该数字图像，也无法从中获取有价值的信息。授权用户在信道中获取了该数字图像后，利用提取水印算法提取出嵌入的水印信息，再对水印信息逆向处理得到原始的水印信息。

1.3.3 数字水印技术的性能指标

水印性能的优劣有不同的评判标准，针对使用者不同的需求，水印的评判标准也会有所不同，数字水印通常要具备安全性、不可感知性、鲁棒性和脆弱性等特性，下面将介绍几个较为经典的数字水印的评判标准[40]。

1. 安全性

数字水印应该要能够确保在嵌入水印后，嵌入的水印信息不被未授权者读取和篡改。被授权者可以安全地获取嵌入的水印信息，一般在水印嵌入前要对水印进行加密处理。

2. 不可感知性

不可感知性也称隐蔽性，鉴于人类视觉系统（Human Visual System，HVS）的特点，只要对图像的修改量低于人类视觉系统感知门限，人眼便无法感知到修改。数字水印被要求在嵌入载体之后，不会对原先的载体造成质量影响，即不影响原先载体的使用价值，而未被授权者也难以对载体是否嵌入数字水印进行判断。学术界普遍使用峰值信噪比（Peak Signal to Noise Ratio，PSNR）描述信号最大可能功率和噪声功率比值，这一公式性量化标准也被用于评判图像失真程度。

其他关于不可感知性的指标还有很多，如 SSIM（Structural Similarity，结构相似性），其是一种衡量两幅图像相似度的指标，该指标首先由得州大学奥斯丁分校的图像和视频工程实验室（Laboratory for Image and Video Engineering）提出。

3. 鲁棒性

鲁棒性只适用于鲁棒数字水印，指数字水印在经历一定程度的信道的失真（如信道噪声、有损压缩、滤波、对载体图片的剪切、旋转、缩放及 JPEG 压缩等）后，仍能够准确识别出嵌入的数字水印并正确提取出来。

具体的数学评价手段有几种，目前学术界较为常用的是 BER（Bit Error Rate，比特误码率），其用来表示提取的水印信息和实际嵌入信息比较得出的提取正确率，提取正确率越高则代表鲁棒性越佳。

4. 脆弱性

脆弱性也称敏感性，针对脆弱水印，是指数字水印经过信道传输后，可以判定是否在信道传输过程中受到篡改，并且有一些数字水印还能定位被篡改的具体位置，通过溯源的方法有可能恢复原始数字水印。

5. 嵌入容量

嵌入容量是用来衡量数字水印的重要性能指标，指的是宿主图像能嵌入的最大信息量。根据不同的应用，水印中存储的信息量也不尽相同，数字水印算法对嵌入容量有较大影响，图像本身也对嵌入容量有影响。过低的嵌入容量会影响水印的鲁棒性，所以根据宿主图像的失真限度和统计特性，寻找合适的水印嵌入容量以求最佳性能是水印算法的研究重点。

6. 水印算法复杂度

数字水印的嵌入和提取的复杂程度与数字水印算法有关，不同的数字水印算法直接影响嵌入和提取过程的复杂度。在不可感知性、鲁棒性和安全性都满足的情况下，水印嵌入、检测和解码算法要尽可能简单，减少运算负荷。一般来说，频域数字水印的算法复杂度较高，而空间域数字水印的算法复杂度较低。

1.3.4 数字水印的分类

1. 按抗攻击能力划分

按抗攻击能力划分，数字水印可分为鲁棒水印（Robust Watermarking）、脆弱水印（Fragile Watermarking）及半脆弱水印（Semi-Fragile Watermarking）。

（1）鲁棒水印指的是在嵌入水印后，载体能抵抗一定程度的攻击（如有损压缩、旋转、剪切等），而在被攻击后仍能正确提取出嵌入的水印信息。其多用于版权保护，使作品在被侵权后依靠水印实现版权认证。

（2）脆弱水印正好相反，其对任何形式的改动都非常敏感，但是采用脆弱水印可以判定原数字文件是否被破坏和篡改等。其多用于认证场合，保护数字多媒体的完整性。

（3）半脆弱水印对一些合法处理（如有损压缩、低强度的缩放、旋转及剪切等）具有鲁棒性，但对非法处理或者修改重要数据的操作非常敏感。双水印就是一种特殊的半脆弱水印，它将鲁棒性与脆弱性融合到一起，同时嵌入鲁棒水印和脆弱水印，使水印系统不仅能进行版权保护，而且还能用于完整性验证，实现了双重保护功能。

2. 按可见度划分

按可见度划分，数字水印可分为可见水印和不可见水印。

（1）可见水印也称明水印，直接覆盖在原载体上，通过肉眼即可明显查看。可见水印一般用于所有者商家标识等，从而起到防止盗版复制，对企图侵权者警示的作用，但是会一定程度上影响原数字文件的使用。

（2）不可见水印是更为常见的一种应用方式，数字水印嵌入后，对原文件的正常使用不造成影响，通过肉眼难以察觉其进行了嵌入。侵权行为发生后，通过提取嵌入数字文件的水印信息，可以判定版权所属，对侵权行为进行裁决。

3. 按嵌入域划分

按嵌入域划分，数字水印可分为空间域数字水印和频域数字水印。

（1）空间域数字水印是指无需对原始载体进行任何变换而直接嵌入载体中的水印算法，最早的空间域数字水印算法有最低有效位算法。空间域水印算法嵌入时较为简单，嵌入容量相对较大，但鲁棒性一般，经典方法有预测误差扩展、直方图平移等。

（2）频域又称变换域。频域数字水印将原始图像进行离散小波变化（Discrete Wavelet Transform，DWT）、离散余弦变换（Discrete Cosine Transform，DCT）和离散傅里叶变换（Discrete Fourier Transform，DFT）等频域变换后，将原始载体从空间域转换至频域，随后根据水印算法进行水印的嵌入。

4. 按嵌入载体划分

数字水印的嵌入载体可以是各种数字媒体，如图像、文件、视频、音频等。依据嵌入载体划分，数字水印可分为图像水印、文件水印、视频水印、音频水印等。

5. 按检测是否需要原始载体划分

按检测是否需要原始载体划分，数字水印可分为非盲水印和盲水印。

（1）非盲水印在提取和检测水印时需同时拥有原始载体图像和原始水印，才能实现水印的正确提取。该水印具有鲁棒性好的特点，但由于提取水印时需要原始载体的信息，因此增加了泄密的风险。

（2）与之相反，盲水印的提取不需要辅助信息作为帮助。盲水印算法的特点是应用范围广，实用性强。还有一种半盲水印，是指在检测过程中需要部分原始信息参与方能正确提取水印。

6. 按原始载体的恢复效果划分

按原始载体的恢复效果划分，数字水印可分为可逆水印（Reversible Watermarking）和不可逆水印。

（1）可逆水印是指将水印嵌入载体后，对被篡改区域仍能无损恢复，恢复质量精确到比特位，其主要应用于医学图像领域。

（2）不可逆水印是指提取水印后原始载体不可无损恢复，对被篡改区域进行有损的不可逆恢复，相对精确恢复方式被篡改图像恢复质量较低，但是人体感观器官并无法区分被恢复后图像和原始图像的差别，其应用范围较广。

7. 按使用途径划分

按使用途径划分，数字水印可分为版权保护水印、票据防伪水印、篡改提示水印和隐藏标识水印。

版权保护水印是当前研究最多的一类数字水印技术，其良好的鲁棒性和不可感知性很大程度上保证了数字作品的权益；票据防伪水印是一类特殊的水印技术，同时与人们的日常生活联系紧密，主要在电子票据和打印票据中有着极其重要的应用；篡改提示水印的性质决定了其是一种脆弱水印，任何篡改水印信息的行为都会被反映出来从而保障宿主信息的安全；隐藏标识水印是将保密数据的重要标注进行隐藏，从而达到限制非法用户对机密数据进行窃取的目的。

1.3.5 数字水印技术的国内外研究现状

从 1994 年 van Schyndel 在 IEEE ICIP（IEEE International Conference on Image Processing）上发表了第一篇关于数字水印的论文[34]*A digital watermark* 后，到现在每年都会有大量关于数字水印技术的论文出现，其研究历程经过了不同程度的转变，如从空间域的水印算法到变换域的转换，从局限在图像的水印算法发展到以文本、视频、音频等不同载体的水印算法等。

在对数字水印技术研究初期，最具代表性的技术是替换空间域 LSB，但通过这种方式嵌入的水印存在一些问题，如鲁棒性比较差，通过 JPEG 压缩或滤波方式即可轻易擦除水印[41]。根据这些问题，Cox 等猜测是由于数字水印被嵌入的位置不同引起的，即水印算法的鲁棒性与嵌入位置有紧密的联系。因此，为了提高算法的鲁棒性，Cox 等运用扩频（Spread-Spectrum，SS）和 DCT 技术提出新的算法[42]，但由于该算法是非盲检测算法，因此在应用方面作用不大。通过对 DWT 的研究，Kundur 等[43]设计出通过修改 DWT 的系数来嵌入数字水印方法，该方法提高了算法的鲁棒性。

正如数字水印分类部分介绍，根据嵌入的载体数字水印可以分为多种，Low 等[44]提出在 PostScript 文本中进行行位移编码、字位移编码和特征编码等方式来嵌入水印；Bender 等通过对音频水印算法的研究提出了回声编码、扩频编码、LSB 编码等算法；根据视频具有动态性的特点，视频数字水印算法可以分为非压缩域视频水印算法和压缩域水印算法，Simitopoulos 等[45]提出一种基于 MPEG（Moving Picture Experts Group，移动图像专家组）的压缩域水印算法。基于 DCT 的 MPEG-2 的压缩域视频水印算法被 Hartung 等[46]提出，该算法可以实现水印盲检测的同时保持码率不发生变化。

"第二代数字水印"的概念由 Kutter 等[47]在 1999 年提出，距离第一篇数字水印的论文的问世只有 5 年时间。新的数字水印利用特征点和特征域来实现水印的嵌入，这彻底改变了第一代水印中将水印嵌入原始载体最不重要的系数上的思想。2003 年，为了解决数字水印不可见性和鲁棒性之间的关系，温泉等提出了"零水印"的说法，通过提取原始载体的特征来产生零水印，取代之前必须在原始载体中嵌入某些额外信息的方法。这一技术作为鲁棒性水印的代表被广泛应用于版权保护领域。

随着世界上的学者对数字水印技术研究的不断深入，之前被暂时满足的鲁棒性问题再次被提了出来，人们热衷于从任何角度来提高这一重要的特性。因此，首先需要对水印的抗攻击性进行测试，因为几何攻击等手段都会造成水印的去除或破坏，这就需要抗几何攻击的水印算法。于是，Ruanaidh 等[48]提出了基于 Fourier-Mellin 变换的数字水印算法。打印-扫描涉及数字模拟转换和模拟数字转换，虽然这会带来一些问题，如随机噪声、缩放或者旋转[49]等，但由于打印-扫描攻击这类问题与印刷品防伪、证件防伪等领域有着极其密切的关系，因此该类算法的研究非常重要。而具有代表性的抗打印-扫描攻击算法是由牛少彰等[50]提出的，该算法通过调整 DCT 的中频系数的序关系来嵌入水印信息，提取过程中两次利用模糊模式识别的最大隶属度原则判别水印信息。随着鲁棒性不断提升，在数字多媒体领域有重要应用的脆弱和半脆弱水印技术得到了发展。Barreto 等[51]提出了一种基于公钥的分块数字水印算法，能够有效地抗击拼贴攻击；而 Lin 等[52]利用 JPEG 在压缩之后块时间对应位置的 DCT 系数大小不变这一特性，提出了一种新颖的图像认证算法，该算法是可以区分 JPEG 压缩和恶意篡改的一种图像认证算法。张鸿宾等[53]则提出一种自嵌入脆弱水印算法，实现了图像篡改区域的自我恢复。不仅如此，在如何提高脆弱技术的篡改定位精度及篡改检测敏感性、提高脆弱水印技术的安全性和利用脆弱水印识别篡改类型等多个领域中，脆弱水印技术都得到了广泛研究。同时，由于一个水印算法往往只有一个功能，为了打破这一局限，人们想要研究出具备多种功能的水印算法，如在具有一定抗攻击鲁棒性的同时，也具有一定的篡改敏感性。基于这一特性，王婷等[54]提出了一种半脆弱加鲁棒性双重水印算法，算法的实现利用可见水印在原始图像块中的频域，然后利用图像块 DCT 低频系数之间的关系来得到不可见水印。多功能水印算法能够满足更广泛的实际需求。

随着数字水印技术的发展，用来检测图像真实性问题的认证水印技术成为现在的研究热点。近年来，人们针对此类问题不断提出新的算法。一些研究基于人类视觉系统，通过使用分组量化（Group Quantization）把水印嵌入宿主图像的小波域中，并且通过比较提取的水印和原始的水印来实现篡改认证。然而，此算法需要作为图像标志的原始水印来帮助认证。研究者对该算法做了改进，实现了基于内容的适应性数字水印，并且不求助于原始宿主图像来提取水印。然而，因为它没有涉及非对称水印，算法的实用性和安全性并不太好。一般而言，根据 RST 并不影响人类识别图像内容的原理，因为图像内容认证的鲁棒性并不影响用户识别图像内容，图像内容认证水印应该具有 RST 不变性，但是现在的算法并没有考虑这一点。

数字水印技术在视频领域有着非常重要的应用。在数字水印技术中，信息可见地插入视频中，从而可见或不可见地表示所有权的信息[55-57]。插入的水印信息可以在内容中恢复出来，从而可以在版权纠纷的证明中检测到破坏插入数字水印和篡改内容[58]。

1.4 隐写术技术和数字水印技术的区别

如前所述，按照其保护的目的划分，信息隐藏技术可分为数字水印技术和隐写术技术，因此它们存在一些显著的区别，本小节进行详细的总结。

首先，隐写术在通信载体中隐藏秘密信息，其隐蔽通信的目标是秘密信息；而数字水印将版权标志等信息隐藏在多媒体载体信息中，隐蔽通信的目标是多媒体载体信息。

因此，隐写术可隐藏保护任何信息，而数字水印技术根据使用的目的隐藏关于版权及信息所有者的相关信息。

其次，这两种技术的安全性评判标准不一样，前者主要是为了保护秘密信息的机密性，防止攻击者得到秘密信息；而后者主要是为了保护多媒体信息的版权，防止篡改等。

最后，隐写术技术通常是一对一的，发送者将秘密信息藏于通信载体中发送给接收者，接收者收到信息后根据相关的算法得到秘密信息。数字水印技术常常是一对多的，多媒体信息拥有者将信息通过网络进行发布，通过数字水印技术可保护该信息的版权，防止篡改。Sharma 等提出通过使用集合理论框架把数字水印中的水印嵌入问题看作一个方案可行的集合多约束问题，其中的约束被定义为常见的水印要求，如可检测性、鲁棒性、不可感知性等。通过满足这些约束条件，发挥数字水印特有的作用。

1.5 秘密共享技术

随着信息时代的到来，更多的秘密信息成为诸如图片、视频、音频等数字信息。而作为信息隐藏领域中一个重要分支，秘密图像共享机制在信息安全领域中同样成为研究热点。秘密共享技术作为其中的关键性技术也一直是密码学界研究的重要问题。下面就对秘密共享理论及秘密图像共享技术进行相关的介绍。

1.5.1 秘密共享理论

秘密共享问题的研究始于 Liu[59]在 1968 年提出的一个问题，该问题的描述如下：11 名科学家在一起开展一项安全性要求很高的项目，为了解决安全性问题，他们需要把文档放在一个特殊的橱柜中，打开橱柜的要求是当且仅当有大于等于 6 名科学家同时在场。那么，需要至少多少把锁？每个参与者最少需要保管多少把钥匙？由分析可知，至少需要 462 把锁，并且每个科学家至少需要保管 252 把钥匙。显然，这种解决方法是不可行的。但是秘密共享方案却可以很简单地解决上述问题。简单地说，秘密共享机制就是在一组参与者中按照某种算法将一个秘密信息分给所有参与人，并且规定某些参与者集合可以恢复出秘密信息，而其他参与者集合不能恢复出秘密信息。利用秘密共享方案保管秘密信息，不仅可以保证秘密的安全性、完整性和系统的可用性，更重要的是可以解决保管秘密的参与者权利的分配公平性问题。同时，秘密共享方案除了防止秘密信息被窃取之外，还可以防止秘密信息丢失，起到了秘密信息备份作用。

秘密共享的思想最早是由 Shamir[60]和 Blakley[61]在 1979 年分别提出来的，并给出了不同的秘密共享方案。他们的方案都是基于 (k,n) 门限的秘密共享方案。基于 (k,n) 门限的秘密共享方案就是在 n 个参与者之间共享秘密，任何 k 个或者多于 k 个参与者可以通过合作恢复出秘密信息，而少于 k 个参与者则得不到任何秘密信息。这就在一定程度上实现了防止秘密信息的丢失、损坏或者窃取。Shamir 的方法基于拉格朗日插值多项式，利用一个 $(k-1)$ 次多项式，将秘密信息作为多项式中的常数项来实现 (k,n) 门限的秘密共享方案。参与者获得的秘密份额即为通过构造的拉格朗日多项式得到的不同值。该方案完美地实现了 (k,n) 门限的秘密共享方案的特性，即当且仅当大于等于 k 个参与者提供其秘密份额时，共享秘密就可以被恢复；而小于等于 $k-1$ 个参与者合作时，则无法获得关于秘密的任何信息。Blakley 提出的是一种基于几何法的 (k,n) 门限的秘密共享方案，其基本思想是利用多维空间的坐标点来进行秘密共享。将秘密信息看成 k 维空间的一个点，每个子秘密包括 $(k-1)$ 维超平面方程，即 $(k-1)$ 维超平面的交点。由于任意 k 个 $(k-1)$ 维超平面的交点刚好为秘密信息，而少于 k 个无法获得秘密信息，因此该方案实现了 (k,n) 秘密共享。

以上两种方法是最早的秘密共享方案，并且由于其简单性等特点也成为运用最广泛的秘密共享方案。尤其是 Shamir 提出的基于拉格朗日多项式的方案，具有简单、方案理想等诸多优点，因此后来的秘密共享方案大多利用了 Shamir 的方案来实现。但是，随着秘密共享机制的深入研究，除了以上两种方案外，也出现了诸如 Mignotte[62]、Asmuth 等[63]的基于中国剩余定理的秘密共享方案，Karnin 等[64]基于矩阵法的秘密共享方案。

然而，以上 (k,n) 秘密共享方案虽然实现了既定的目标，也解决了现实中的一些问题，但是其应用的条件是 n 个参与者在秘密共享机制中的身份是平等的，并且秘密分发者和参与者都是诚实可靠的。而现实中的应用问题却远比这复杂，因此其应用范围就受到了一定的限制。为了解决秘密分发者和参与者诚实可靠的问题，就需要在秘密共享机制中应用一系列的安全性验证机制，以确保秘密分发者分发的秘密份额是正确的且参与者在秘密信息恢复过程中提供的自身的秘密份额是真实无欺的。Chor 等[65]在 1985 年首次提出了可验证的秘密共享方案，该方案的主要思想是在一般的方案中加入验证机制，不仅实现了参与者可以验证自身得到的秘密份额的正确性，而且参与者之间也可以进行互相验证，进而实现防欺骗的目的。该方案的安全性保证是基于大数因子分解难解性问题，并且其实现需要交互，这样就降低了效率。Pedersen[66]在 1991 年提出了一种高效的可验证秘密共享方案，该方案不需要任何交互行为，并且没有安全性保证条件。由于该方案的高效性的特点，因此得到了广泛的应用。另外，随着可验证秘密共享方案的研究，一些更加有效的方案也被提出来，如 Wu 等[67]、Stadler[68]、Schoenmakers[69]等的方案。

为了拓宽秘密共享方案的应用范围，而不是局限于参与者平等的情形下，学者将关注点聚焦于对具有一般访问结构的秘密共享方案的研究。1987 年，Ito 等[70]首先指出了这个问题，并且提出了一种具有一般访问结构的秘密共享方案的构造方法。在该方案中，仅仅在规定访问结构集合内的参与者集合可以恢复出秘密信息，而其他人不能恢复出秘密信息。这样就打破了参与者平等的条件，因而相比于 (k,n) 门限的秘密共享方案更加具有灵活性，进一步拓宽了秘密共享机制的应用范围。随后 Benaloh 等[71]也提出了一种具有一般访问结构的秘密共享方案，他们证明了任何访问结构都可以通过特殊的构造来实现。在这两种方案提出以后，一些更加有效的方案[72-73]也被提了出来，具有访问结构的秘密共享方案也得到了一定的发展。

然而，利用以上一般的秘密共享方案或者加密方法无法完全地保护生命周期较长的秘密信息。因为对于生命周期较长的秘密信息，攻击者可能有足够充足的时间对参与者手中的秘密信息进行攻击，进而得到至少 k 个秘密份额，最终得到秘密信息。为了更加有效地保护秘密，Ostrovsky 等[74]率先提出了主动秘密共享（Proactive Secret Sharing）方案。在他们的方案中，参与者手中的秘密份额是定期更新的，因此攻击者要想获得秘密信息，必须在给定的时间段中至少攻破门限 k 个秘密份额。可以看出，主动秘密共享方案提供了更严格的安全性及灵活性。Herzberg 等[75]在 1995 年提出了一种主动秘密共享方案，该方案实现了既定目标，并具有较好的性能和安全性保证。2002 年，Xu 等[76]在 Herzberg 方案的基础上提出了一种新的主动秘密共享方案。该方案通过一个可信的秘密分发者在初始阶段和更新阶段分发秘密信息，从而减少了信息的传输量，使方案更安全。同时，该方案可以防止攻击者获得秘密信息或者子秘密信息，实现了防止组内欺骗。但是，由于主动秘密共享方案需要成员定期对秘密信息进行更新，因此需要同步性要求。为了解决这个问题，郭渊博等[77]在 2004 年提出了异步的主动秘密共享方案，进而解决了分布式系统中的应用，拓展了主动秘密共享协议的范围。随后，Zhou 等[78]也提出了一种应用于异步系统中的主动秘密共享方案。2010 年，Schultz 等[79]又提出了一种新的移动主动秘密共享方案，该方案是通过改变参与者集合实现的，主动秘密共享方案的应用范围得到进一步拓宽。

在以上的秘密共享方案中，一次秘密共享过程只能共享一个秘密信息，但是这远不能满足实际情况的需要。在有些应用中会存在一个应用共享多个秘密信息，如无条件安全的多步计算通信复杂度问题。对于多秘密共享方案，最容易想到的解决方案就是多次利用以上秘密共享方案。但是这样不仅计算量较大，也会降低秘密共享的安全性。因此，多秘密共享问题具有较高的研究价值，也开始引起学者们的注意和研究。He 等[80]在 1994 年首先提出了一个多秘密共享方案，该方案是基于单向函数实现的。在该方案中，每个参与者的秘密份额可以共享多个秘密信息，但是秘密的重构阶段必须按照一定的顺序来实现，这成为该方案的不足。为了克服该缺点，随后 He 和 Dawson[80]利用双变量单项函数提出了一个新的多秘密共享方案，该方案真正实现了基于门限的多秘密共享方案的要求。随着对多秘密共享方案的深入研究，Chien 等[81]在 2000 年提出了一种基于分组码的多秘密共享方案。该方案在一次秘密共享过程中不仅可以共享多个秘密，而且秘密份额可以重用，因此适用于一次共享多个秘密信息的应用环境。如上所述，Shamir 的秘密共享方案不仅简单、安全，而且非常完美。因此，2004 年 Yang 等[82]提出了一种基于多项式的秘密共享方案，完美地实现了多秘密共享的目标。此外，多秘密共享同样存在前面提到的欺诈问题，因此为了解决该问题，Harn[83]在 1995 年提出了首个防欺诈的多秘密共享方案。该方案主要是基于离散对数难解问题来实现的，存在计算量较大、验证算法比较复杂等问题。后来 Shao 等[84]提出了一种高效的多秘密共享方案，该方案也是基于离散对数难解问题，但实现了较低的开销。后来一些学者如 Chen 等[85]和 Dehkordi 等[86]也提出了一些高效的多秘密共享方案。

1.5.2 秘密图像共享技术

由于图像数据量大，将以上一般的秘密共享方案直接应用在图像领域会出现效率低等问题。因此，需要新的秘密图像共享方案来应用于秘密图像共享领域。同样，在秘密图像共享技术出现以前，保护图像秘密的安全性的方案主要是利用加密等密码学方法来保证秘密图像在传输过程中的完整性和机密性等安全性问题。但是这种方法存在一个问题，即经过加密后的图像会出现噪声。当在网络中传输这种数据时，会引起攻击者的注意，进而降低了安全性。为了解决上述问题，秘密图像共享技术得到了学者们广泛的研究。因此，秘密图像共享技术的主要目的也是防止秘密图像在存储和传输中丢失或者被篡改。该技术首先将秘密图像分成 n 个秘密份额，然后将这 n 个秘密份额分发给 n 个参与者。只有达到规定要求的参与者集合才可以通过合作恢复秘密图像信息，不属于规定的参与者集合的任何参与者自己都无法获取秘密图像信息。这样就可以有效解决秘密图像在存储和传输过程中产生的丢失或者被篡改的问题。

目前秘密图像共享研究主要分为视觉秘密图像共享方案和基于多项式的秘密图像共享方案。视觉秘密图像共享方案最主要的优点是秘密图像恢复时无须借助计算机设备，仅利用人眼视觉系统便可以获得恢复图像的信息；缺点是恢复图像的视觉质量较差，并存在较大的尺寸扩张，以及无法恢复出精确的灰度和彩色图像。基于多项式的秘密图像共享方案主要是利用拉格朗日多项式将秘密图像共享为多个份额图像，但是这种方案的复杂度开销较大。

第一个视觉秘密共享方案是 Naor 等[87]在 1994 年在欧洲密码学会议上提出的，具有重要意义。该方案的主题思想是一个秘密图像在 n 个参与者之间进行共享，每个秘密图像的像素对应份额图像的若干个子像素点，将这 n 个份额图像打印在透明胶片上，最后生成 n 个不同份额图像。在秘密恢复阶段，由于该方案是基于 (k,n) 门限的秘密图像共享方案，因此只需将 k 个胶片重合在一起即可。由于这种方案的秘密图像恢复过程无须任何计算机设备的帮助，而且非常简单，因此得到了业界的广泛关注。后来的一些视觉秘密图像共享方案[88-89]大多也是基于这种方案提出来的。在视觉秘密共享方案中，像素扩展和对比度是两个重要的研究方向。像素扩展是指将秘密图像的一个点分解成 m 个点，这样一来份额图像的大小即变成秘密图像的 m 倍。像素扩展不仅会使份额图像变得非常大，计算量也会很大，并且还会出现图像变形等问题。为了解决这些问题，就需要维持原有图像高和宽的比例。Ateniese 等[90]提出了利用像素扩展实现的视觉秘密共享方案，实现了较好的性能。但是，该方案产生的份额图像的质量不能得到保证，所以当在网络上传输这种噪声图像时，很容易引起攻击者的注意，这就在一定程度上降低了方案的安全性。同时，由于这种方案中存在像素扩展问题，因此参与者得到的份额图像的尺寸较大，进而带来了一系列问题。为了解决这个问题，Yang[91]提出了一个新颖的方案，使得份额图像的大小和秘密图像相同。但是在该方案中，秘密图像信息仅能够以一定的概率进行恢复，因此恢复秘密图像的质量较差。Cimato 等[92]的方案通过改变份额图像尺寸大小来提高恢复秘密图像的质量。以上两个方案虽然通过一定的方法缩减了份额图像的大小，但是却以降低恢复的秘密图像的视觉效果为代价，甚至恢复出的秘密图像无法看出细节信息，降低了可用性。基于这个问题，一些学者开始以对比度为切入点，力图解决恢复的秘密图像质量问题。对比度反映了图像中黑白像素的差异，对比度越大（不超过 1），图像质量越好；对比度越小，图像质量越差。Blundo 等[93]和 Krause 等[94]都提出了有效的对比度优化方案，在一定程度上提高了恢复的秘密图像的视觉质量。为了达到更加理想的秘密图像视觉质量，一些学者做出了长久的努力，并取得了一定的成就。

同时，在视觉秘密共享方案的研究领域中，一些学者开始研究多秘密图像视觉秘密共享方案。Chen 等[95]在 1998 年首次提出了一次共享 2 个秘密图像的方案，该方案中的一个秘密图像的恢复是通过直接叠加份额图像获得的，另一个秘密图像则是通过将其中的一个份额图像旋转一定角度后进行叠加得到的；后来，Chen 等[96]的方案实现了一次共享 4 个秘密图像；而 Shyu 等[97]则实现了任意多个秘密图像的共享。同样，多秘密共享方案存在视觉秘密共享方案中的秘密图像视觉效果差的缺点，并且随着隐藏秘密图像数量的增加，秘密图像的视觉效果变差。视觉秘密共享方案在一段时间内得到了学者们的广泛研究，主要原因是其无须计算机的计算，方案简单。但是视觉秘密共享方案也因为其自身的一些缺点，如恢复的秘密图像的视觉质量差、份额图像的尺度扩张等，而限制了其实际的应用范围。基于多项式的秘密图像共享方案解决了以上方案的恢复的图像视觉质量差的缺点，因此得到了广泛的研究和应用。

2002 年，Thien 等[98]首次提出了利用拉格朗日多项式实现秘密图像共享方案。该方案将秘密图像像素作为多项式的系数，利用小于 255 的最大的素数 251 将秘密图像所有的像素都截断为 0~250。该方案每 k 个共享秘密像素得到一个份额像素，因此份额图像变为原来秘密图像的 $1/k$。同时，恢复得到的秘密图像的质量相对于视觉秘密方案也有了很大的提高。基于份额图像尺寸小的优点，该方案引起了学者们的广泛研究。为了进一步缩小份额图像的尺寸，Wang 等[99]利用图像差分函数以及 Huffman 编码技术实现了相比于 Lin 等的方案进一步缩小份额图像尺寸的目的。该方案首先利用差分函数对秘密图像进行处理，然后利用 Huffman 编码技术对得到的差分图像进行编码，最后利用多项式进行秘密图像共享。

但是，以上这两个较早的基于多项式的秘密图像共享方案参与者得到的份额都是没有意义的噪声图像，当在网络上传输这些图像时，很容易引起攻击者的注意。为了解决这个问题，Thien 等[100]在 2003 年实现了所得份额图像有意义的秘密图像共享方案。但是，由于该方案生成的份额图像中显示了秘密图像的部分信息，因此该方案的安全性不能得到保障，即不能用于一些秘密图像较为重要的情形中。Lin 等[101]提出了一种利用隐写术的秘密图像共享方案，通过在份额图像中嵌入奇偶校验位来验证份额图像的正确性。但是，该方案在秘密图像的重构阶段会轻微地损坏秘密图像。然而，在一些特殊的领域，如医药、军事等领域，对图像质量的要求非常高，这种轻微的损坏也是不允许的。同时，这种方案产生的份额图像的视觉质量也不是很好。为了改善份额图像的质量，Yang 等[102]对 Lin 等的方案进行了一些改进，从而解决了秘密图像损坏的问题。但是，他们的方案却降低了份额图像的视觉效果。如前所述，Lin 等的方案中的份额图像的质量是不令人满意的，而该方案的份额图像质量相比却降低了，因此该方案的可行性受到一定的质疑。2009 年，Lin 等[103]提出了一种使用模操作来提高份额图像质量的秘密图像共享方案。该方案可以无损地重构出秘密图像以及伪装图像，但是其藏量在某种程度上是不可接受的。为了进一步提高秘密图像共享方案的可用性，Lin 等[104]在 2010 年提出了一种可逆的秘密共享方案。该方案在保证份额图像质量以及方案藏量的前提下，实现了可逆地、无损地重构出秘密图像信息及载体图像信息的目标，该方案也利用了多项式进行秘密隐藏。在该方案中，参与者获得的份额图像中除了含有秘密图像的信息外，还含有载体图像相应的信息，因此可以无损地重构出秘密图像和载体图像。

随着对秘密图像共享方案的深入研究，一些学者开始将访问结构的概念引入秘密图像共享方案中。Guo 等[105]结合门限秘密共享方案和具有一定访问结构的秘密图像共享方案提出了一种基于 MSP（Monotone Span Programs，单调张成方案）的多门限秘密图像共享方案。利用该方案，一次可以隐藏多个秘密图像，并且每个秘密图像对应一个特定的访问结构，每个经过特定的访问结构认证的份额图像的集合可以恢复出相应的秘密图像。

同时，一些利用其他方法来实现秘密图像共享的方案也在秘密图像共享方案的研究过程中被不断地提出。Kafri 等[106]提出了利用随机网格的秘密图像共享技术。在该方案中，每个份额图像的像素都是通过随机程序来决定的，在包含物体信息的部分，份额图像和秘密图像的像素间存在关系；否则，份额图像完全是随机的。Rey 等[107]提出了利用细胞自动机技术实现的秘密图像共享方案。该方案不同于一般的 (k,n) 门限的秘密共享方案中任意 k 个参与者手中的秘密份额都可以重构出秘密图像信息，其中只有任意连续的 k 个份额信息可以重构出秘密信息。Wang 等[108]提出了一种基于数独的新颖的秘密图像共享方案。在该方案中，隐藏一个秘密图像需要 n 个伪装图像，进而产生 n 个份额图像，然后将这 n 个份额图像分发给相应的参与者，参与者们通过合作就能通过这 n 个份额图像重构出秘密图像。除此之外，在一些提出的秘密图像共享方案中也会有渐进性的特点，这一特点会体现在秘密图像的还原过程中。当若干数量的份额图像拥有者还原秘密图像时，使用不同数量的份额图像参与还原，就能得到不同视觉质量的秘密图像。

1.6 信息隐藏技术的应用

1.6.1 隐写术技术的应用

在商业领域中，隐写术可以用来隐藏一个秘密的公式，或者为一项新的发明保密；在非商业领域中，隐写术也可以提供保护各种秘密的服务，如对私人数字信息保护以及版权保护等。同时，隐写术可以用于数据验证，通过身份验证的数据才可以用于相应的学术研究；可以检测数据是否真实；可以检测电子标签的内容，提供保密和电子数据的完整性。军方和情报机构对通信的机密性有很高的要求，即使内容被加密，攻击者依然可以借助调制解调器信号检测对其进行攻击，军事通信技术通过使用如扩频调制等技术保证信号不轻易被敌人侦测到。犯罪分子有时会在不显眼的通信设备中放置具有巨大价值的信息，他们首选的目标包括预付费的手机和攻击企业交换机，通过这些设备可以更新路由。但执法部门和反情报机构对这些技术和弱点都很了解，从而可以有效检测和跟踪隐藏的消息。

1.6.2 数字水印技术的应用

数字水印技术通过将特制的不可见的标记隐藏在多媒体载体中，从而实现追踪、观察等目的。随着互联网的飞速发展，越来越多的数字化产品包括图像、视频、文档等各种电子出版物的版权问题需要解决。例如，在 DVD 市场中存在着各种盗版问题，严重阻碍了这一行业的进步与完善。数字水印的出现很好地解决了这一问题，尤其是嵌入数字水印的数字设备在保护了原创者对作品的版权保护的同时，也为起诉非法盗用者提供了证据，渐渐完善了这一行业的发展。数字水印技术的应用领域越来越广泛，不同的应用对水印的设计要求不同。总的来说，数字水印主要应用在以下领域。

1．版权保护

所有权或版权保护是数字水印最重要的功能。数字媒体的版权所有者可用私钥产生一个水印，并将其嵌入原始载体中，然后公开发布带有水印信息的数字产品。一旦出现版权纠纷，所有者可以提取含有版权信息的数字水印，从而保护所有者的知识产权与正当权益。

2．广播监督

这种应用中，水印信息被嵌入广播电视的音/视频中，用来检验商业性或有价值的节目是否违约或违规播放。例如，水印监控系统可以用来检测重大赛事是否存在违规播放广告的情形，还可以用来监督商业广告是否按合约如期播放。

3．版权跟踪

此类水印主要是为了追踪非法复制的根源。多媒体产品发行者在每件数字产品中都嵌入了不同的水印信息（包含产品版权所有人信息及特定的交易信息），其目的是通过授权用户信息来识别数字产品的复制，并监控和跟踪使用过程中的非法复制，并确定来源。

4．使用控制

和前面的应用相比，水印在使用控制应用中扮演着主动保护的角色，它和其他硬件设施配合工作，禁止非法复制或回放未授权的多媒体产品。例如，DVD 防复制系统可以通过检测 DVD 数据中的水印信息来判断合法性，从而保护版权所有者的商业利益。

5．认证和篡改证明

这里的水印主要是检验用户的合法性和多媒体的完整性，当数字作品被用于法庭、医学、新闻及商业时，常常需要确定它们的内容是否被修改、被伪造或经过特殊处理。有些算法不仅可以检验多媒体产品是否完整，还可以进一步定位篡改位置，有的甚至具有自行修复篡改的能力。

6．多媒体产品索引

将诠释性数据嵌入多媒体产品中，可利用此信息对多媒体产品进行索引和检索。例如，将收信人的评注信息嵌入视频邮件中可方便其归类和检索。

7．加强系统安全

数字水印技术多用于医疗、军事及法治领域。例如，将病人的个人基本信息、就诊日期、病历信息作为水印嵌入相关的医学图像中，可增强医学图像系统的安全性。另外，一些可逆水印系统可以保证原始图像的准确恢复，以保障其功能用途。

8．增强遗留系统

在遗留系统中加入水印信息，可增强系统的向下兼容性。例如，在立体广播电视到来的时代，立体广播电视信息可以通过水印嵌入传统的广播电视信号中，这样传统的电视接收机可接收传统信号，而不影响收看。

第 2 章　一个新颖的汉字文本信息隐藏方案

2.1　引言

　　文本隐写术是信息隐藏中隐写术的一个分支。隐写的信息通常用一些传统的方法进行加密，然后用某种方法修改一个"伪装文本"，使其包含被加密过的消息，形成"隐藏文本"。例如，文字大小、间距、字体，或者伪装文本的其他特性可以被修改来包含隐藏的信息。只有接收者知道使用的隐藏技术，才能恢复信息，然后对其进行解密。

　　随着互联网的快速发展和广泛应用，多媒体技术、信息隐藏技术在信息安全领域已经成为一个热点话题。每天都有大量的文本数据在互联网上传输或者交换，文本作为秘密信息通信的载体将是一个重要的秘密信息通信工具，从而保护私人信息不受攻击者的攻击。因此，本章重点在于使用文本作为信息隐藏的载体。文本信息隐藏方法通常将信息加密到载体文字中，修改后的文本就叫作"隐藏文本"。隐含秘密信息的隐藏文本通过互联网被安全地发送到接收方，隐藏文本中隐藏的秘密信息除了预期的接收者外不能被其他任何人发现。然而，相比于图像与音频，缺乏冗余的文本隐写术被认为是最困难的类型。为了克服这个困难，近年来人们相继提出了几种方法来隐藏文本信息。

　　1997 年，Chapman 等[109]提出一个软件系统 NICETEXT 来隐藏密码文本。该系统结合词替换和概率上下文无关文法（Probabilistic Context-Free Grammar，PCFG）来生成看起来比较自然的覆盖文本。Maher[110]提出了另一个方案，称为 TEXTO 文本数据隐藏，它可以通过改变 uuencoded ASCII 数据将其转换成英语句子。2003 年，Wu 等[111]提出了一种基于马尔可夫链隐藏策略，把生成的文本作为信号传输给一个马尔可夫信号源，并从马尔可夫信号源示例文本中构建一个状态转移图。2004 年，Sun 等[112]提出了一个使用左右结构的汉字来隐藏信息的方案，选择那些符合要求的左右结构的汉字，将其作为隐藏信息的候选汉字。Wang 等[113]在 2009 年引入了一个可逆的使用左右和上下中文字符集的信息隐藏方案（L-R 和 U-D），该方案具有可逆性功能且改善了隐藏容量。然而，L-R 和 U-D 方案有一些缺陷：一是其视觉隐写术效果不是很好，由于重组的独立组件的汉字字体变形，使得攻击者很容易视觉区分隐藏文本和原文本之间的差异；二是该方案的嵌入和提取过程在微软 Word 中要求调整汉字间距，这是一个非常复杂的过程。

　　世界上 20%的人使用汉字，并且这些人中的大多数使用微软 Word 作为文件处理工具，因此通过微软 Word 使用中文文本文件进行信息隐藏是值得关注的。为了解决 L-R 和 U-D 方案中存在的问题，本章对进一步改善 Wang 等[113]的方案的性能，提出了一个新颖的方案——基于繁简同形字的信息隐藏方案，即使用相似汉字的简体字形和繁体字形来隐藏信息。通过统计，大约 50%的常用汉字的简体形式和繁体形式看起来很相像。在微软 Word 中有一个编码汉字方法 Big5（中文名为大五码），其用于编码繁体汉字；而简化汉字编码则采用《信息交换用汉字编码字符集 基本集》（GB 2312—1980）。在本章提出的方案中，通过改变嵌入信息的编码的方式将秘密信息隐藏在载体文本中。由于繁体字形和简体字形的编码转换操作在微软 Word 中很容易实现，因此该方案对达到嵌入信息的目标创建了一个简单的过程。实验结果显示，该方案与 Wang 等[113]的方案相比提供了良好的视觉效果，并且本方案更容易操作。

2.2 相关知识介绍

2.2.1 汉字编码知识介绍

计算机中的信息主要分为数据信息和控制信息两种，数据信息又可分为数值信息和非数值信息。除了数值信息以外，其他信息包括字母、图形符号等必须以二进制编码方式存入计算机才能得到处理。将这些非数值信息转换为二进制的过程就称为编码，而转换后的二进制代码称为字符代码。最常见的字符编码为美国标准信息交换码（American Standard Code for Information Interchange，ASCII）。

由于计算机最主要的输入设备键盘与英文打字机是完全相同的，因此如何输入非英文字符就成了人们研究的课题，其中具代表性的就是汉字。而汉字之所以进入计算机很困难，关键在三点：数量庞大、字形复杂以及存在大量一音多字和一字多音的现象。汉字编码（Chinese Character Encoding）是专为汉字设计的一种便于输入计算机的代码，根据应用目的的不同可以分为外码（输入码）、交换码（国际码）、机内码和字形码等。人们生活中常用的汉字编码方案主要有整字输入法、字形分解法、全拼音输入法、字形为主、字音为辅的编码法，拼音为主、字形为辅的编码法等。由于编码方案繁多，因此需要有一个统一的标准。1981 年，国家标准局公布了《信息交换用汉字编码字符集 基本集》（GB 2312—1980，简称汉字标准交换码），这种汉字标准交换码是计算机的内部码，可以为各种输入/输出设备的设计提供统一的标准，使各种系统之间的信息交换有共同一致性，从而使信息资源的共享得以保证。我国于 1990 年发布了《信息交换用汉字编码字符集 辅助集》（GB 12345—1990），以满足少数用字量超过基本集的用户和中国台湾、中国香港等地的需要。本章使用的两种汉字编码字符集是 GB 2312 字符集和 Big5 字符集。前者是中国大陆普遍使用的简体字字符集，楷体-GB 2312、仿宋-GB 2312、华文行楷等市面上绝大多数字体支持显示该字符集，也是大多数输入法采用的字符集；而后者则是中国台湾繁体字的字符集，收入了 13060 个繁体汉字，广泛用于中国台湾和中国香港。

2.2.2 文本信息隐藏的主要方法

由于载体的冗余性，目前信息隐藏大多选择音频、视频或图像等作为载体。而以文本为载体的信息隐藏则通过改变文本的某些特征来实现，这会使文档的内容发生变化，通过这种内容上的变化来进行秘密信息的隐藏。和视频或图像相比，由于文本不含有任何冗余信息，因此以文本为载体的信息隐藏实现起来比较困难。基于文本的低冗余性，目前主要有以下几种方法可以进行文本信息隐藏。

1．行移编码

行移编码是通过直接移动文本行的位置来实现的。例如，当将文本的一行上移或者下移时，与其相邻的两行或者其中一行保持不动，不动的相邻行则可以在解码过程中当作参考位置。为了说明简单，可以使用 0 表示行上移，1 表示行下移。根据藏入文本中的信息内容上移或者下移文本行，实现秘密信息的嵌入；在提取秘密信息的过程中，根据上移或者下移行的情况进行还原。

2．字移编码

和行移编码类似，字移编码通过移动文本行中的字符来嵌入秘密信息。这种方式的信息隐藏需要文本中相邻字符之间的距离是各不相同的，而正常人眼无法辨认 1/150 英寸（1 英寸=0.0254 米）以内的单词，因此可以变化单词的间距来实现信息隐藏。由于进行了变间隔处理，解码器需要拥有原始字符间隔说明才能正确地恢复出隐藏的秘密信息。

3．利用特征进行编码

通过观察并选择文本中的一些特征量，结合要藏入的秘密信息来修改这些特征量。举例来说，如 h、k 字符中的垂直线，若是对该垂直线做一些修改来藏入秘密信息，可以做到不被人轻易发现，类似的方法还有很多。除此之外，还可以通过替换同义词来进行信息隐藏，分别用 0 和 1 来表示两个同义词，如 small 表示 1，而 little 表示 0，但其需要一个前提，即通信双方必须同时拥有该同义词表。

4．利用标点符号进行编码

利用标点符号进行编码的原理是，在中英文输入法中标点符号占的字符宽度不一样，虽然在英文文本中标点符号后面还得有一个空格，但 1 个中文标点占的宽度相当于 3 个英文字符，如中英文中的句号"。"和"."占的字符空间明显不同。可以利用这一特点作为信息隐藏的新方法。因为不论是中文文档还是英文文档，在对标点符号的使用中，逗号使用的频率都是最高的，所以，可以利用逗号进行信息隐藏。在以逗号进行信息隐藏的过程中，中文逗号隐藏的信息位为 1，而英文逗号隐藏的信息位为 0。当然也可以利用其他标点符号进行信息隐藏，但为了简化这一过程，并不出现异常，往往只采用一种标点进行信息隐藏。

5．利用字体自身的特征进行编码

利用字体自身的特征来实现文本信息隐藏也是一种很好的方法。在目前的文字处理中，多种类型的字体都可以得到很好的支持。其中，有些字体虽然在计算机看来属于不同类型，但人眼看不出这两种不同字体的任何差别。例如，"李明"这个词的宋体和新宋体的表示分别为"李明"和"李明"，从视觉上来看，几乎没有任何差别。这样的具有相似字体的例子还有很多，视觉上的难分辨性提供了一种很好的信息隐藏方法。本章即基于这个特点，介绍了一种利用字体信息实现的信息隐藏方案，即基于繁简同形字的文本信息隐藏方案。

2.2.3　基于 L-R 和 U-D 结构汉字的可逆信息隐藏方案

Wang 等[113]的 L-R 和 U-D 方案提出了一个利用上下和左右结构的汉字来进行信息隐藏的可逆的方案。此方案使用数学表达将信息隐藏在一个文本中，Sun 等[114]将汉字引入了语言速记式加密的数学表达式中。在 L-R 方案中，相比其他一些文章中的方法来隐藏数据的文本，运用数学表达式可以帮助他们实现更好的隐藏容量和鲁棒性。

Wang 等[113]的方案借鉴了 Sun 等[114]数学表达式的运用，并且增加了具有上下结构的汉字作为信息隐藏的载体文字。为了克服 Sun 等[114]的方案的缺点，他们加入了一种可逆性功能并且设计了一个简单的策略对数据进行提取。在数据加密阶段，他们的方案选择那些具有上下或者左右结构的汉字作为候选汉字来隐藏秘密，如图 2-1 所示。首先，编码器扫描文本获取汉字，然后判断当前正在处理的字符是否是一个候选汉字。如果是，那么这个加密信息就是 0，并且保持这个汉字的原有样式；否则，编码器使用加密功能来隐藏秘密数据到当前可嵌入的字符。

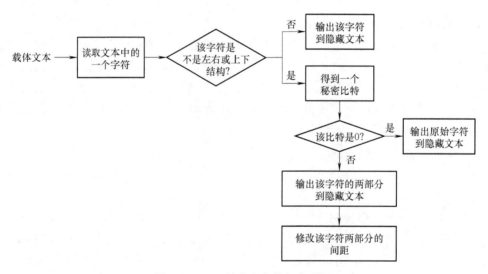

图 2-1　Wang 等的方案的加密流程

该加密功能包含两个步骤：第一步，编码器分别输出一个汉字的左部分和右部分结构的字形或者上下部分结构的字形；第二步，编码器使用微软 Word 的字符修改工具改变两个字形之间的间距，这样两个单独的符号看上去仍像一个字符，而不是两个不同的字符。在提取阶段有两个目的：一是提取隐藏的信息，如图 2-2a 所示；二是把载体文本恢复，如图 2-2b 所示。

在信息提取过程中，译码器构建一个新的无格式的内容复制加密文件的文本文件；解码器使用微软 Word 的字符修改工具恢复无格式的隐藏文本文件内容为无格式文本文件的内容，并比较无格式文本文件和隐藏的文本文件。在译码器扫描两种不同类型的文本的同时构建一个新的文本文件，称为载体文本文件，来记录原始的载体文本。如果在无格式文本文件和隐藏的文本文件中两个扫描字符是相同的，则译码器将汉字复制到载体文本文件中。如果字符为 L-R 或者 U-D（左右或者上下）结构的汉字，则译码器提取 0

为隐藏的信息；否则，如果字符不同，则译码器提取 1 为隐藏的信息。

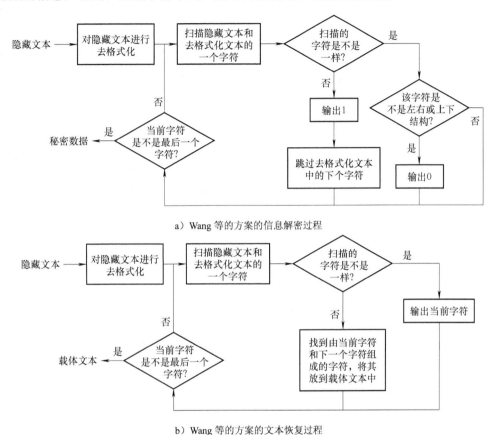

a）Wang 等的方案的信息解密过程

b）Wang 等的方案的文本恢复过程

图 2-2　Wang 等的方案的信息解密过程和文本恢复过程

2.3　基于繁简同形字的汉字文本隐藏方案

本节给出改进方案的详细描述，该改进方案对汉字嵌入和提取的过程非常简单，而且在很大程度上改善了视觉效果。

通过分析所有汉字的传统和简化形式，我们把汉字分为两类：一类是其简体字形与繁体字形比较相像的汉字；另一类是其简体字形与繁体字形相差比较大的汉字。表 2-1 中列出了一些字符编码在 Big5 和 GB 2312 中的例子来解释哪些字符可以用来隐藏信息，即这些能用来隐藏信息的汉字都是其简体字形与繁体字形比较相似的汉字。在表 2-1 中，用 GB 2312 编码的候选汉字的简体形式编码与用 Big5 编码的繁体形式比较相像，而非候选汉字这两种编码的繁体与简体形式看起来截然不同。

在此，我们使用这些候选汉字作为用来加密的载体汉字。在数据隐藏和提取阶段，必须确定在载体文本中哪些汉字是用 GB 2312 编码的，哪些是用 Big5 编码的。假定输入的载体文本都是用 GB 2312 编码的，那么余下部分的内容都基于该标准。如果载体文本都是用 Big5 编码的，那么该过程基本与 GB 2312 编码是一样的，唯一不同的是要根据嵌入的信息来调整相应的编码方式。信息加密和解密过程将分别在 2.3.1 小节和 2.3.2 小节中描述。

表 2-1 可用来加密的候选汉字与不符合加密标准的非候选汉字

不同编码的汉字及其代码	GB 2312 编码的汉字	GB 2312 编码汉字的代码	Big5 编码的汉字	Big5 编码汉字的代码
候选汉字	大	2083	大	A46A
	日	4053	日	A4E9
	止	5425	止	A4EE
非候选汉字	并	1802	並	A8C3
	证	5404	證	C3D2
	说	4321	說	BBA1

2.3.1 加密过程

本章方案的信息加密过程如图 2-3 所示。

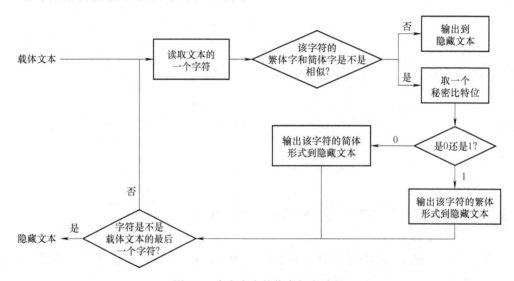

图 2-3 本章方案的信息加密过程

加密过程：汉字中有很大一部分繁体字与简体字的形式非常相近，利用由 GB 2312 编码的繁体字与由 Big5 编码的简体字相同的汉字来隐藏信息，我们称这些文字为候选字。当隐藏二进制信息为 1 时，就把文本中依次出现的候选字设置成其繁体字形；当隐藏信息为 0 时，就把依次出现的候选字设置成其简体字形。

下面用一个实例来说明加密过程。假设载体文本的内容是"天气阴沉"，都是以简体形式出现的，即用 GB 2312 编码的。首先，编码器扫描文本获取字符，第一个字符"天"被最先读取，编码器确定"天"这个字符的简体字形与繁体字形是否相似；判断为相似后，编码器就隐藏一个秘密信息。假设要隐藏的秘密信息是 10，那么就把第一个秘密信息 1 加密到"天"字中，并将繁体字形的"天"输出到隐藏文本中。然后，编码器读取第二个字符,即"气",其繁体形式是"氣",其外表完全不同于简体字形的"气",因此编码器程序判断该汉字为一个非候选汉字,即不可用来加密的汉字,并将此汉字不做任何改变直接输出到隐藏文本。下一个字符是"阴",它的繁体字形"陰"的模式也显然不同于简体的"阴",所以编码器输出其原始字符到隐藏文本中。当编码器读取"沉"后,其简体和繁体字形相似,属于可以用来加密的字符集,再读取第二个隐藏信息为 0,编码器隐藏 0 到"沉",然后输出其简体形式。

2.3.2 解密过程

解密过程:加密过程的逆过程。读取加密后的文本文件,当读取的汉字属于候选字,并且以繁体字形出现时,则可以知道加密比特位为 1;当以简体字形出现时,加密比特位为 0,这样整篇文本就可以解密出隐藏信息,如图 2-4 所示。

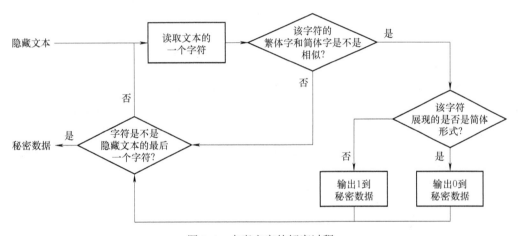

图 2-4　本章方案的解密过程

下面用加密过程时的例子来说明解密过程。加密文本内容是"天气阴沉"。首先,译码器扫描字符"天",由于它的简体字形和其繁体字形是相似的,则可以检测出它是由 Big5 编码的繁体字形。这种判决工具是微软 Word 的繁简字转换工具,可以在汉字的繁体与简体形式之间相互转换,因此解码器提取 1 为隐藏的加密信息并输出"天"的简体形式的"天"到解密之后的恢复文本中;第二次扫描字符,"气"不是一个候选字符,因此解码器不做任何改变输出"气";接下来的扫描字符是"阴",其也不是一个候选字符,因此解码器直接输出到要恢复的文本文件中;最后一个字符"沉"是候选字符,展现的是它的简体形式,因此解码器提取 0 为秘密信息,然后直接将"沉"的简体形式输出到恢复文本中。最后,解码器可以获得没有损耗的内容为"天气阴沉"的恢复文本以及 10 的秘密数据。

由于汉字中繁简同形的字非常多,文本中利用其加密的候选字出现的频率也非常大,因此此方案最大的优点是隐藏容量大,并且其解密过程完全与加密过程可逆,算法复杂度低。其在文本以及文本图像加密中可以得到非常好的应用。

2.4 实验和分析

本节使用微软 Word 2007 来实现提出方案的加密与解密过程。第一个载体文本如图 2-5 所示。

超新星，一颗巨星生命的终结。一颗具有几十至上百倍太阳质量的恒星身躯四散溅落到太空之中，但是，大灾之后，星系再生。从新的废墟中，新的恒星又会诞生。它们会在这种气体尘埃云中点燃生命之火，而超新星则使星云物质更加丰富。爆炸所产生的冲击带来了许多金属元素，比如铁合金，重元素仅仅产生于最巨大的恒星之中。于是，一颗超新星养育了他的子孙后代。恒星的产生过程是这样的，首先在自引力作用下物质塌缩，而后形成一个盘，在盘的中心，一颗恒星开始闪耀，在它周围产生环状物，环分解而形成行星，太阳系就是这样演化的。地球在这兰色的“可居住”区域的轨道上安然旋转着，在这里，生命可能存活。

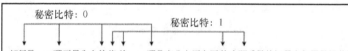

图 2-5　载体文本

在该载体文本中有 147 个汉字属于候选汉字，即它们的简体与繁体形式相似，因此用此方案进行加密就会有 147 个秘密比特可以被隐藏进去。由于这段文字中有 115 个左右和上下结构的汉字，因此 Wang 等[113]的方案只能隐藏 115 个比特。显然，在这个例子中，本章方案有更高的隐藏容量。据统计，其简体与繁体形式相似的汉字占总汉字的比例为 50%，即载体文本中大约有一半的汉字可用来隐藏信息。

假设隐藏在图 2-5 中的信息是 00011011，图 2-6 和图 2-7 分别为 Wang 等[113]的方案和本章方案的隐藏文本。通过观察，Wang 等[113]的方案造成的汉字变形比较严重；而本章方案的隐藏效果比较好，且本章方案隐藏的信息藏量比较大。

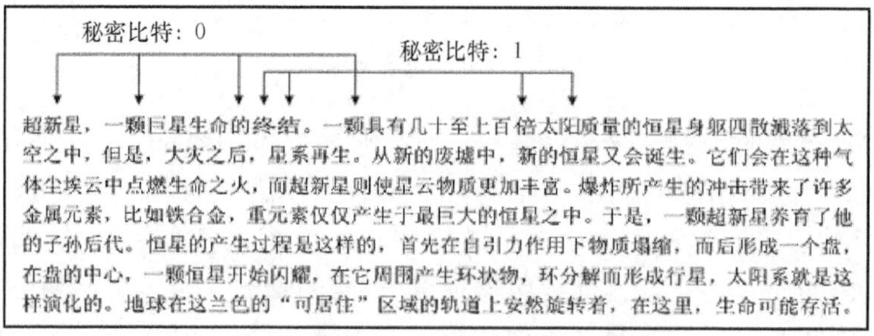

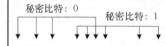

图 2-6　Wang 等的方案的隐藏文本

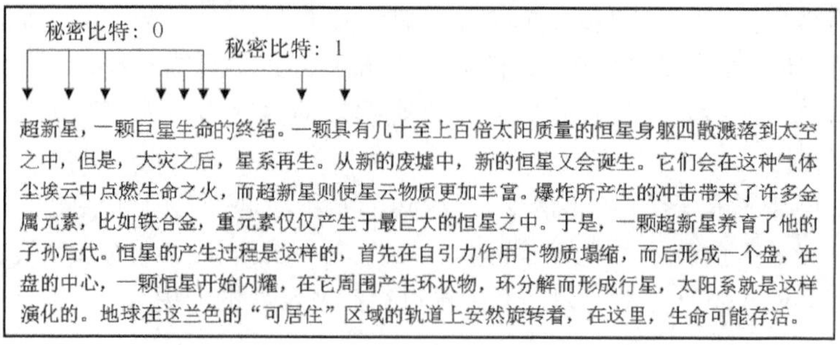

图 2-7　本章方案的隐藏文本

第 2 章　一个新颖的汉字文本信息隐藏方案

为了进一步证明本章方案的优越性，下面再通过其他两个来自不同类型（分别来自小说和报纸）的文本来举例说明。图 2-8 展示了两种载体文本；图 2-9 展示了加密后的两段文本，以及可以加密的最多的信息比特。

载体文本1：
　　病房里，一个生命垂危的病人从房间里看见窗外的一棵树，在秋风中一片片地掉落下来。病人望着眼前的萧萧落叶，身体也随之每况愈下，一天不如一天。她说："当树叶全部掉光时，我也就要死了。"一位老画家得知后，用彩笔划了一片叶脉青翠的树叶挂在树枝上。最后一片叶子始终没掉下来。只因为生命中的这片绿，病人竟奇迹般地活了下来。

a）载体文本 1

载体文本2：
中国证券报发改委：采取八措施巩固经济企稳回升势头
　　国家发展改革委主任张平 25 日说，当前我国经济发展正处在企稳回升的关键时期，一旦松懈就有可能出现反复，因此下半年要采取八大措施巩固这种回升势头。另外，张平表示，将从五方面加快发展方式转变和经济结构调整。

b）载体文本 2

图 2-8　两种载体文本

加密文本1：
　　病房里，一个生命垂危的病人从房间里看见窗外的一棵树，在秋风中一片片地掉落下来。病人望着眼前的萧萧落叶，身体也随之每况愈下，一天不如一天。她说："当树叶全部掉光时，我也就要死了。"一位老画家得知后，用彩笔划了一片叶脉青翠的树叶挂在树枝上。最后一片叶子始终没掉下来。只因为生命中的这片绿，病人竟奇迹般地活了下来。
秘密比特：10100111100011010100011101010101100011110001110010110001110011000111100011 0

a）隐藏文本及隐藏的比特数据 1

加密文本2：
中国证券报　发改委：采取八措施巩固经济企稳回升势头
　　国家发展改革委主任张平 25 日说，当前我国经济发展正处在企稳回升的关键时期，一旦松懈就有可能出现反复，因此下半年要采取八大措施巩固这种回升势头。另外，张平表示，将从五方面加快发展方式转变和经济结构调整。
秘密比特：1111000110110011110110010101111100010001110110101111011100 01110

b）隐藏文本及隐藏的比特数据 2

图 2-9　隐藏文本及隐藏的比特数据

从表 2-2 可以看出，对相同的载体文本，本章提出方案占用的内存平均为 11.9KB，而 Wang 等[113]的方案则达到了 35.3KB。而对于藏量的比较，Wang 等[113]方案的信息藏量平均为 46bit，而本章提出方案的平均信息藏量则达到了 79.5bit。

表 2-2 Wang 等的方案和本章方案的数据对比

载体文本	内存占有/KB		信息藏量/bit	
	Wang 等的方案	本章方案	Wang 等的方案	本章方案
载体文本 1	34.2	11.7	53	78
载体文本 2	36.4	12.1	39	81

本章小结

近几年，文本数据加密飞速发展，对隐藏容量、鲁棒性和应用性要求越来越严格。本章提出了一个新颖的方案来解决汉字加密技术的问题，通过巧妙地利用繁简同形字的特性，实现了以文本为载体的信息隐藏。本方案利用了繁简字形相像的特点，可以提高 Wang 等[113]的方案的信息隐藏的视觉质量和信息藏量，概括地说就是当一组中文汉字以 GB 2312 和 Big5 的形式编码时，它们是相似的，需要做的是单击微软 Word 中的按钮来实现简体字和繁体字之间的转换。该方案不仅使得秘密信息的嵌入和还原过程可逆，同时当秘密信息被提取之后，原始载体文本也可以被还原出来。除此之外，通过本章方案与前人方案的实验结果的对比，可以发现本章方案具有更高的隐藏容量和更好的可操作性。

第 3 章　基于 DNA 序列的数据隐藏方案

3.1　引言

传统的数据隐藏方法通常是将秘密数据隐藏在诸如文本、图像、视频之类的通信载体中，而这些通信载体也是网络中经常传输的信息。然而，数据隐藏方案总会不同程度地损坏以上通信载体。当通过网络传输隐藏信息时，会引起攻击者的注意。所以，人们开始寻找新的通信载体进行数据隐藏。

随着生物学的快速发展以及人类对 DNA（脱氧核糖核酸）认识的逐渐深刻，人们发现 DNA 分子有许多内在的属性可以应用在数据隐藏方案中，这些性质包括生物学性质以及非生物学性质。DNA 分子是一条由核苷酸组成的很长的高分子聚合物，这些核苷酸包括腺嘌呤（A）、胞嘧啶（C）、鸟嘌呤（G）、胸腺嘧啶（T）。这些核苷酸存在一定的互补规则，通过这种互补规则，两条单链 DNA 形成稳定的双链结构。由于所有的 DNA 序列都是由上述 4 种核苷酸组成的，因此攻击者根本无法分辨出原始的 DNA 分子和经过数据隐藏后的 DNA 分子。与此同时，现在已有 1.63 亿条 DNA 序列的组成可以通过网络直接获取。这两个性质在一定程度上保证了使用 DNA 载体进行数据隐藏方案的安全性与鲁棒性。

Leier 等[115]在 2000 年提出了一种建立在 DNA 序列上的加密方案。在该方案中，一个公开的 DNA 序列被用来作为参考序列。发送方将事先选好的引物和经过加密后的 DNA 序列发送给接收方，接收方利用参考 DNA 序列、引物 DNA 片段和双方协定好的核苷酸互补规则对加密后的 DNA 序列进行解密。

DNA 是由四个碱基组成的两条螺旋的链，可以对 DNA 中的脱氧核酸序列进行可逆隐藏，这已经成了一个重要而有趣的研究课题[116]。Shimanovsky 等[25]于 2002 年提出了一种利用 RNA（核糖核酸）的冗余性进行数据隐藏的方案。如前所述，一个密码子由 mRNA（messenger RNA，信使 RNA）中 3 个连续的核苷酸序列组成，因此共有 64 个不同的遗传密码子。而组成生物体的氨基酸的种类约有 20 种，这就决定了会存在多个密码子决定同一个氨基酸的冗余情况存在，而这种冗余性正是数据隐藏需要的。Shiu 等[26]在 2012 年提出了 3 种基于 DNA 序列的数据隐藏方案，这 3 种方法分别是插入法、互补对法和替换法。插入法和互补对法都在一定程度上扩展了载体 DNA 序列的长度，当通过网络将其传送给接收者时，很容易引起攻击者的注意。替换法仅仅通过特定的互补规则对载体 DNA 中特定的核苷酸进行替代，进而得到一个长度和载体 DNA 序列相等的藏有秘密数据的 DNA 序列，这里称为隐藏 DNA 序列。但是，替换法中的 DNA 序列的修改率要高于插入法和互补对法，这同样也增加了攻击者攻击的可能性。

本章将基于 Shiu 等[26]文章的替换法提出一种新颖的数据隐藏方案，不仅保留了替换法中载体 DNA 序列长度不改变的优点，也在很大程度上减小了 DNA 序列的修改率。本章方案同样使用替换法中提出的互补规则，3.2 节会详细阐述该规则。通过实验以及安全性分析，证明了本方案是安全、稳定和具有鲁棒性的。

3.2 相关知识介绍

3.2.1 主要符号介绍

表 3-1 列出了本章使用的重要符号及其含义，以方便读者理解本章内容。

表 3-1 本章使用的重要符号及其含义

符 号	含 义
x	核苷酸
$C(x)$	互补核苷酸
S	DNA 序列
S_i	DNA 序列的第 i 个元素
s_i	第 i 个 DNA 分段，长度为 k
M	二进制秘密数据序列
m_i	一个二进制位
A	随机生成的整数集合
A_j	集合中第 j 个整数
p	整数集合中的元素个数
r	从 1、2、3 中随机选取的数
b	r 个二进制位序列
l_i	第 i 个核苷酸在 DNA 序列的位置
sum	两条 DNA 序列中不相同核苷酸的个数

3.2.2 DNA 的结构

DNA 是一种生物大分子，是染色体的主要化学成分、组成基因的材料，因此也被称为遗传因子。DNA 分子是一种双链结构，其结构如图 3-1 所示。碱基配对有一定规律，即 A 和 T 配对，C 和 G 配对，这种配对原则称为 Watson-Crick 互补性原则。

DNA 分子结构支持的两个最重要的功能是对产生的蛋白质进行编码以及自我复制并将遗传信息传递到子代细胞中。虽然脱氧核苷酸只有 4 种，但由于一个分子中脱氧核苷酸的数目极多，而且排列方式不受限制，因此分子具有多样性。DNA 分子上有遗传效应的区段称为基因，基因是决定生物性状的基本单位。每个基因含有成百上千对脱氧核苷酸，脱氧核苷酸的排列顺序为遗传信息。不同的基因，4 种脱氧核苷酸的排列顺序不同，也就具有不同的遗传信息。

DNA 分子上的碱基序列最终可以被"翻译"成为氨基酸序列，进而组成蛋白质。蛋白质是生命的物质基础，没有蛋白质就没有生命，它是与生命及与各种形式的生命活动紧密联系在一起的物质。蛋白质是组成机体细胞的重要组成部分。人体内蛋白质的种类很多，功能、性质各异，但都是由多种氨基酸按不同比例组合而成的，并在体内不断进行代谢与更新。氨基酸是组成蛋白质的基本单位，而 DNA 序列又决定了氨基酸的组成，所以可以说 DNA 决定着人体所有细胞的工作。

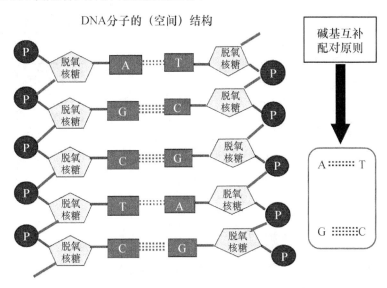

图 3-1 DNA 分子结构

DNA 分子可以指导蛋白质的合成，信息从基因的核苷酸序列中被提取出来，首先指导合成一条寿命较短的单链核苷酸，即 RNA；然后利用产生的 RNA 指导蛋白质的合成。合成基因的 RNA 复制的过程称为转录，由 RNA 聚合酶催化完成。用来合成 RNA 的核苷酸（G、A、U、C）与 DNA 分子中的核苷酸（G、A、T、C）是一一对应的。将 RNA 中的核苷酸序列信息转换成蛋白质中氨基酸序列的过程称为翻译。翻译过程通过核糖体进行。

因此，双链 DNA 分子可以通过转录生成相应的 mRNA。通常把与 mRNA 序列互补的那条 DNA 链称为编码链或有意义链，另一条不被转录只能通过碱基互补合成新的 DNA 的链称为反义链或无意义链。只有 mRNA 携带的遗传信息才被用于指导蛋白质的生物合成，即决定蛋白质中氨基酸的排列顺序，因此一般用 U、C、A、G 4 种核苷酸而不是 T、C、A、G 的组合来表示遗传信息。所以，DNA 的编码链核苷酸序列决定 mRNA 中的核苷酸序列，mRNA 的核苷酸序列又决定着蛋白质中的氨基酸序列。

mRNA 上每个核苷酸翻译成蛋白质链上的一个氨基酸，把这 3 个核苷酸称为密码子。mRNA 中的 3 个相连的核苷酸组成一个遗传密码子。构成的碱基有 4 种，每 3 个碱基决定 1 个氨基酸，因此可知这里共有 $4^3 = 64$ 种不同的核苷酸组合，对应相应的氨基酸或者终止或者起始信号。

表 3-2 列出了 20 个标准的氨基酸和 65 种密码子的对应关系。由表 3-2 中的数据可知，遗传密码子和氨基酸序列之间的映射存在一定的冗余性，如 GCU、GCC、GCA 以及 GCG 全部可以映射到同一个氨基酸，即同一种氨基酸可以由不同的密码子决定，这种冗余性正是信息隐藏所需要的。

表 3-2 氨基酸与密码子的对应关系

氨基酸	密 码 子	氨基酸	密 码 子
Ala/a	GCU、GCC、GCA、GCG	Len/L	UUA、UUG、CUU、CUC、CUA、CUG
Arg/R	CGU、CGC、CGA、CGG、AGA、AGG	Lys/K	AAA、AAG
Asn/N	AAU、AAC	Met/M	AUG
Asp/D	GAU、GAC	Phe/F	UUU、UUC
Cys/C	UGU、UGC	Pro/P	CCU、CCC、CCA、CCG
Gln/Q	CAA、CAG	Ser/S	UCU、UCC、UCA、UCG、AGU、AGC
Glu/E	GAA、GAG	Thr/T	ACU、ACC、ACA、ACG
Gly/G	GGU、GGC、GGA、GGG	Trp/W	UGG
His/H	CAU、CAC	Tyr/Y	UAG、UAC
Ile/I	AUU、AUC、AUA	Val/V	GUU、GUC、GUA、GUG
START	AUG	STOP	UAA、UGA、UAG

3.2.3 替换法 DNA 信息隐藏方案

该方案利用一种特定的碱基互补配对规则进行数据隐藏，实现了较高的信息藏量，并且该方案没有改变原始 DNA 序列的长度，这在一定程度上优于其他两种方法。

首先，替换法规定了一个恰当的核苷酸互补规则，对于任何的核苷酸 x，$C(x)$ 代表 x 的互补核苷酸，则 $C(x)$、$C(C(x))$、$C(C(C(x)))$ 不能相等。由分析可知，满足上述要求的碱基互补规则共有 6 种，这里使用 (AT)、(TG)、(GC)、(CA) 表示 $C(A)=T$、$C(T)=G$、$C(G)=C$、$C(C)=A$。假设载体 DNA 序列为 $S=$ ACGGAATTGCTTCAG，秘密数据 $M=m_1,m_2,\cdots,m_p$，为 0111010，这里 $p=7$，那么载体 DNA 的总长度是 15。下面将通过对以上秘密数据和载体 DNA 进行操作介绍替换法。

步骤 1：发送方首先选取 7 个 1～15 之间互不相等的整数，如 2、3、5、10、12、13、15，用集合 A 表示为 $A=\{A_1,A_2,\cdots,A_p\}=\{2,3,5,10,12,13,15\}$。

步骤 2：按照如下规则将秘密数据 M 藏进载体 DNA 序列 S，进而得到隐藏 DNA 序列 S'。对整数 i 从 1～15 进行遍历，如果 $i=A_j$ 并且 $m_j=1(1\leqslant j\leqslant p)$，则将 S_i 替换为 $C(S_i)$；如果 $i=A_j$ 并且 $m_j=0$，则不改变 S_i。否则，如果 i 不等于任何 A_j，那么将 S_i 替换为 $C(C(S_i))$。这样就可以得到 S' 为 GCCATGCCAACTAGG。

步骤 3：将 S' 发送给接收者。

替换法具体的数据隐藏算法如表 3-3 所示。

表 3-3 替换法具体的数据隐藏算法

算法 3-1 数据隐藏算法
输入：一个参考 DNA 序列 S、核苷酸互补规则以及二进制秘密信息 $M=m_1,m_2,\cdots,m_p$。
输出：一个藏有秘密数据的虚假 DNA 序列 S'。
步骤 1：利用一个随机数生成器产生 p 个不同的小于 n 的整数，组成一个集合 A。
步骤 2：将集合 A 按照递增序列进行存储。
步骤 3：初始化 i 为 1。

(续)

算法 3-1　数据隐藏算法
步骤 4：对 S 中的每一个元素 S_i 进行如下操作。 　　if $i = A_j$ 并且 $m_j = 1$，将 S_i 替换为 $C(S_i)$； 　　else if $i = A_j$ 并且 $m_j = 0$，不改变 S_i； 　　else if i 不等于 A_j，将 S_i 替换为 $C(C(S_i))$。 步骤 5：将 S' 发送给接收方。

接收者收到隐藏 DNA 序列后，就会和自己手中的参考 DNA 进行对比，然后按照下面的步骤进行解密，得到秘密数据。

步骤 1：初始化 i 和 j 为 1。

步骤 2：对整数 i 从 1～15 进行遍历，如果 $S_i' = S_i$，那么 $m_j = 0, j++$；如果 $S_i' = C(S_i)$，那么 $m_j = 1, j++$。

步骤 3：连接所有的 m_j，即可得到秘密数据。

替换法具体的数据恢复算法如表 3-4 所示。

表 3-4　替换法具体的数据恢复算法

算法 3-2　数据恢复算法
输入：虚假 DNA 序列 S'、互补规则以及参考 DNA 序列 S。 输出：秘密数据 M。 步骤 1：初始化 i 和 j 都为 1。 步骤 2：for $i=1$～n，if $S_i' = S_i$，则 $m_j=0$, $j=j+1$；else if $S_i' = C(S_i)$，则 $m_j=1$, $j=j+1$。 将 j 转换为 r 位的二进制形式，并记为 m_i。 步骤 3：将以上得到的 m_i ($i = 1,2,3,\cdots,j$) 依次连接，得到秘密数据 M。

3.2.4　插入法 DNA 信息隐藏方案

该方案是一种较为简单的信息隐藏方案，通过对 DNA 序列进行二进制编码，进而将二进制秘密信息隐藏在 DNA 序列中。在介绍插入法之前，先要介绍将 A、C、G、T 转化为二进制的编码规则。

如分析可知，将其编码为二进制至少需要两位，且共有 24 种不同方案，如((A:00)(C:01)(G:10)(T:11))。为了方便讲解本方案的具体算法，这里假设秘密信息为 $M = m_1$, $m_2,\cdots,m_p$，为 01001100，这里 $p = 8$，载体 DNA 序列 S = ACGGTTCCAATGC。

下面将通过对以上秘密数据和载体 DNA 进行操作来介绍插入法。

步骤 1：利用特定的编码规则将载体 DNA 序列编码成二进制的信息。这里使用上述编码规则对 S 进行编码，得到 S = 00011010111101010000111001。

步骤 2：将 S 切割成多个 k 比特的段。这里假设 $k =3$，那么下面即为各个不同的分段：000、110、101、111、010、100、001、110、01。

步骤 3：将秘密信息中的每个比特秘密按顺序插入每个分段前面，那些没有插入任何秘密信息的分段可以被忽略。这样总共有以下插入信息的分段：0000、1110、0101、

0111、1010、1100、0001、0110。串联以上得到的分段，可以得到如下二进制序列：00001110010101111010110000010110。

步骤 4：通过以上二进制编码规则可以得到藏有秘密信息的 DNA 序列，通过以上二进制序列可以得到虚假 DNA 序列为 S' = AATGCCCTGGTAACGC。

步骤 5：将以上得到的序列 S' 发给接收者。

插入法具体的数据隐藏算法如表 3-5 所示。

表 3-5 插入法具体的数据隐藏算法

算法 3-3 数据隐藏算法
输入：一个参考 DNA 序列 S、二进制秘密信息 $M = m_1, m_2, \cdots, m_p$、编码规则。
输出：一个藏有秘密数据的虚假 DNA 序列 S'。
步骤 1：将参考 DNA 序列 S 按照编码规则进行二进制编码。
步骤 2：将二进制的 S 进行分割操作，每个分段为 k 比特，得到如下公式。 $$s_1, s_2, \cdots, s_t \left(t = \frac{|S|}{k}\right)$$
步骤 3：初始化 $i=1$。
步骤 4：for $i=1 \sim p$，将 m_i 放到相应的 s_i 的前面，串联得到一个新的二进制序列。
步骤 5：将藏有秘密信息的 s_i 串联得到新的二进制序列，并且按照编码规则将其转化为藏有秘密信息的 DNA 序列 S'。
步骤 6：将 S' 发送给秘密接收者。

接收者收到隐藏 DNA 序列后，就会和自己手中的参考 DNA 进行对比，然后按照下面的步骤进行解密，得到秘密数据。

步骤 1：将藏有秘密信息的 DNA 序列 S' 按照编码规则转化为二进制，这样会得到 S' = 00001110010101111010110000010110。

步骤 2：将 S' 切割成多个 $k+1$ 比特的分段，并取出每个分段的第一个比特值，一次串联得到秘密信息为 01001100。

步骤 3：取出每个分段的后 k 位进行串联，并将其进行编码，即可得到用于隐藏秘密信息的载体 DNA 的一个前缀。

插入法具体的数据恢复算法如表 3-6 所示。

表 3-6 插入法具体的数据恢复算法

算法 3-4 数据恢复算法
输入：虚假 DNA 序列 S'、参考 DNA 序列 S 以及编码规则。
输出：秘密数据 M。
步骤 1：将参考 DNA 序列 S 按照编码规则进行二进制编码。
步骤 2：将 S' 分割为 p 个 $k+1$ 的分段，$s'_1, s'_2, \cdots, s'_p$。
步骤 3：初始化 $i=1$。
步骤 4：for $i=1 \sim p$，取出 s'_i 的第一位并串联，即可得到秘密信息 M。

3.2.5 互补对法 DNA 信息隐藏方案

在利用互补对法进行信息隐藏的过程中，通过利用前两种方法中分别讲到的互补规则和编码规则来实现数据隐藏和数据恢复算法。同时，必须利用载体 DNA 中的最长互补对来进行数据隐藏。最长互补对就是载体 DNA 中长度最长的互补 DNA 序列。寻找最长 DNA 子序列可以通过现存的动态算法实现，这里不再进行详细讲解。

为了便于理解，假设秘密信息 $M = 0110$，载体 DNA 序列 S = ACGGTTCCAATGC。很容易可知，S 中的最长子序列为 (TTAA)，这样载体 DNA 中的最长子序列的长度为 2。因此，该方案必须插入长度为 3 的最长子序列来保证最长子序列为新插入的互补对。

该方案将按照下面的步骤进行信息隐藏。

步骤 1：将秘密信息 M 以 2bit 为单位进行分割，并使用编码规则将分割好的二进制秘密信息进行编码，得到 $M = m_1, m_2, \cdots, m_p$，同时 m_1 = C、m_2 = G。

步骤 2：人工产生两个长度为 3 的互补 DNA 序列，并在每个序列的前后填充上 T，然后将其没有重叠地插入载体 DNA 序列中。假设产生的两个互补对为 AGCCTG、CCTGGA，填充 T 后得到的子序列就可以表示为 TAGCTTCTGT、TCCTTTGGAT。最后将其插入载体 DNA 序列中，得到 S_1 = ACGTAGCTGTTCTGTTCT CCTTCATGGA TATGC。

步骤 3：将每一个秘密信息 m_i 插入 S_1 中的每一个最长子序列的前面。这里需要对 S_1 进行修改得到 S'，可以通过将 m_1 = C、m_2 = G 插入 S_1 后得到，如下：

$$S' = \text{ACGCTAGCTGTTCTGTTCGTCCTTCATGGATATGC}$$

步骤 4：检查 S' 中的最长子序列，如果不是 AGCCTG、CCTGGA，那么返回步骤 2；否则将 S' 发送给接收者。

上面完成了对互补对法中的信息隐藏算法的简要概述，下面介绍如何恢复出秘密信息。接收者收到隐藏 DNA 序列后，会按照下面的步骤进行解密，得到秘密数据。

步骤 1：利用现有算法找到藏有秘密信息的 S' 中的最长互补子序列，并且如果最长互补子序列不是正确的长度，那么返回步骤 1 重新进行。在上面的例子 S' = ACGCTAGCTGTTCTGTTCGTCCTTCATGGATATGC 中，最长互补子序列是 AGCCTG、CCTGGA，开始位置为（6，13）和（21，28）。

步骤 2：考虑对于最大子序列对 AGCCTG、CCTGGA，获取 TAGCTTCTGT、TCCTTTGGAT 前面的字母即可以得到秘密信息。在上面的例子中得到的秘密信息为 m_1 = C、m_2 = G。

步骤 3：将得到的秘密信息按照编码规则转化为二进制后即可得到二进制的秘密信息，将其串联，即可得到秘密 $M = 0110$。

3.3 基于 DNA 序列的数据隐藏方案

如前所述，本方案基于 Shiu 等[26]的方案中的替代法，实现了既没有改变载体 DNA

的长度又具有较低的修改率，进而在一定程度上保证了本方案的安全性。下面将从秘密数据隐藏和秘密数据获取这两个阶段对该方案进行详细的讲解。

本方案中仍使用替换法中的互补规则，即对于任何核苷酸 x，$C(x)$ 代表 x 的互补核苷酸，则 $C(x)$、$C(C(x))$、$C(C(C(x)))$ 不能相等。我们可以利用该性质建立一个单射函数，如下：

$$1 \leftarrow C(x)$$
$$2 \leftarrow C(C(x))$$
$$3 \leftarrow C(C(C(x)))$$

接下来用以上映射表示一次隐藏数据的位数为 1 位、2 位或者 3 位。为了方便讨论，这里假设载体 DNA 片段为 $S=$ GAATTCATCAGTTGTAA，长度为 17，秘密数据 $M=1101100000$，长度 $p=10$，核苷酸互补规则仍然为 (AT)、(TG)、(GC)、(CA)。在秘密数据传输之前，发送者和接收者都知道方案的互补规则以及拥有相同的载体 DNA 片段。有了这些先决条件，本方案将按照如下步骤进行工作。

步骤 1：初始化整数 i 和 j 为 1。

步骤 2：对整数 j 进行如下遍历，直到 j 等于秘密数据的长度 p。

首先，选取一个 1~3 的随机数 r 并读取 r 位连续的二进制数据 b 即 $M_1,\cdots,M_r$，并将其转换为十进制数，$i=i+b+1$。

然后，如果 $r=1$，那么用 $S_i'=C(S_i)$ 替换 S_i；如果 $r=2$，那么用 $S_i'=C(C(S_i))$ 替换 S_i；否则用 $S_i'=C(C(C(S_i)))$ 替换 S_i。

最后，对 j 进行处理，$j=j+r$。

步骤 3：将 S' 发送给接收者。

这里选取的随机数依次为 1、2、3、1。经过以上循环处理，得到藏有秘密数据的载体 DNA 为 $S'=$ GAATTCAACTGGCTTGAA。

表 3-7 给出了比较正式的数据隐藏算法。

表 3-7 数据隐藏算法

算法 3-5　数据隐藏算法
输入：参考 DNA 序列 S、核苷酸互补规则、映射关系以及二进制秘密信息 M。
输出：一个藏有秘密数据的虚假 DNA 序列 S'。
步骤 1：初始化 i 和 j 都为 1。
步骤 2：for $j=1\sim p$，选取一个 1~3 中的随机数 r，并读取 r 位连续的二进制秘密数据 b，转化为十进制数，$i=i+b+1$。 　　　　if $r=1$，则将 S_i 替换为 $C(S_i)$； 　　　　else if $r=2$，则将 S_i 替换为 $C(C(S_i))$； 　　　　else if $r=3$，则将 S_i 替换为 $C(C(C(S_i)))$。
步骤 3：将 S' 发送给接收方。

接收者收到隐藏 DNA 序列后，会通过载体 DNA 序列、互补规则以及单射函数进行解密。秘密数据的恢复过程如下。

步骤 1：初始化整数 i 和 j 为 1。

步骤 2：对照参考 DNA 序列 S 和收到的 DNA 序列 S'，计算两条 DNA 链中不相同

的核苷酸个数 sum 以及标记出不相同核苷酸在参考 DNA 中的位置 $l_1, l_2, \cdots, l_{sum}$，并记 $l_0 = 1$。

步骤 3：对整数 i 进行如下遍历，直到 $i = sum$。

首先，计算 $j = l_i - l_{i-1} - 1$。

然后，比较 S_{l_i} 和 S'_{l_i}，如果 $S'_{l_i} = C(S_{l_i})$，那么 $r = 1$；如果 $S'_{l_i} = C(C(S_{l_i}))$，那么 $r = 2$；如果 $S'_{l_i} = C(C(C(S_{l_i})))$，那么 $r = 3$。

最后，将 j 转换为 r 位的二进制形式，并记为 m_i。

步骤 4：将以上得到的 m_i（$i = 1, 2, 3, \cdots, sum$）依次连接，即可得到秘密信息。

表 3-8 给出了比较正式的数据恢复算法。

表 3-8 数据恢复算法

算法 3-6　数据恢复算法
输入：虚假 DNA 序列 S'、互补规则、映射关系以及参考 DNA 序列 S。
输出：秘密数据 M。
步骤 1：初始化 i 和 j 都为 1。
步骤 2：遍历 S' 和 S，在 S' 中标记出 S' 和 S 中不相同的核苷酸序列，并计算不相同的总的个数 sum 以及各个核苷酸的位置下标 $l_1, l_2, \cdots, l_{sum}$。
步骤 3：for sum=1～sum，计算 $j = l_i - l_{i-1}$，然后比较 S_{l_i} 和 S'_{l_i}。 　　if $S'_{l_i} = C(S_{l_i})$，则 $r = 1$； 　　else if $S'_{l_i} = C(C(S_{l_i}))$，则 $r = 2$； 　　else if $S'_{l_i} = C(C(C(S_{l_i})))$，则 $r = 3$。 　　将 j 转换为 r 位的二进制形式，并记为 m_i。
步骤 4：将以上得到的 m_i（$i = 1, 2, 3, \cdots, sum$）依次连接，得到秘密数据 M。

3.4 实验和分析

本节将对基于 DNA 序列的数据隐藏方案的安全性进行理论分析，并通过实验模拟证明本方案的安全性以及可行性。

3.4.1 安全性分析

假设攻击者想获取秘密数据，那么由本方案的实现过程可知，攻击者必须持有参照 DNA 序列、互补规则以及映射关系，否则攻击者将得不到正确的秘密数据。如前所述，现在共有 1.63 亿条 DNA 序列可以公开获取，攻击者在不知道关于参照 DNA 序列的任何信息的情况下，获得正确参照 DNA 序列的概率为 $\dfrac{1}{1.63 \times 10^8}$。由分析可知，在 A、C、G、T 这 4 种核苷酸中满足本方案的互补规则要求的共有 6 种，即 (AT)(TG)(GC)(CA)、(AT)(TC)(CG)(GA)、(AC)(CT)(TG)(GA)、(AC)(CG)(GT)(TA)、(AG)(GT)(TC)(CA)、(AG)(GC)(CT)(TA)，攻击者猜对正确互补规则的概率是 $\dfrac{1}{6}$。

攻击者还必须知道本方案中使用的映射关系。正如算法中描述的那样，我们在表示每次所藏二进制秘密信息的位数 1、2、3 和 $C(x)$、$C(C(x))$、$C(C(C(x)))$ 之间建立了确定的映射关系。这种映射关系共有 $3\times2\times1=6$ 种，即攻击者猜对这种映射关系的概率是 $\frac{1}{6}$。

所以，攻击者在不知道参照 DNA 序列、互补规则以及方案中使用的映射关系的前提下，成功获取隐藏的秘密数据的概率为 $\frac{1}{1.63\times10^8}\times\frac{1}{6}\times\frac{1}{6}$。这就在一定程度上保证了方案的安全性，因为攻击者获取秘密数据的可能性非常小。

3.4.2 模拟实验

本小节将给出本方案通过实验得出的一些数据，以表明本方案的性能以及可行性。表 3-9 所示的测试 DNA 序列是本方案中使用的 6 条用来隐藏秘密信息的载体 DNA 序列，这些 DNA 序列可以通过 NCBI 数据库免费获取。同时，为了进行本实验，我们选取了图 3-2 中的前 18125 个像素点作为秘密数据，并将其转化为二进制形式，得到 145000bit 秘密信息。

表 3-9 测试 DNA 序列

编 号	核苷酸数量	物 种 定 义
AC153526	200117	Mus musculus 10 BAC RP23-383C2
AC167221	204841	Mus musculus 10BAC RP23-3P24
AC168874	206488	Bos taurus clone CH240-209N9
AC168897	200203	Bos taurus clone CH240-190B15
AC168907	194226	Bos taurus clone CH240-19517
AC168908	218028	Bos taurus clone CH240-195K23

图 3-2 水果的图片

为了对本方案的性能进行定量评估，必须先给出以下几个参数的定义：

1) capacity（c）：藏有秘密数据的载体参考 DNA 的总长度。
2) payload（p）：提取秘密数据后 DNA 序列剩余的长度。
3) bpn：载体 DNA 中每个字符隐藏的秘密数据的比特数。
4) 膨胀率（ER），其公式为

$$\mathrm{ER} = \frac{H - H'}{H} \tag{3-1}$$

式中 H ——参考 DNA 序列的长度；

　　　H' ——藏有秘密数据的 DNA 序列的长度。

5）修改率（MR），其公式为

$$\mathrm{MR} = \frac{s_i \oplus s'_j}{H} \tag{3-2}$$

式中 s_i ——参考 DNA 序列的第 i 个二进制比特位；

　　　s'_j ——相应的隐藏 DNA 序列的第 j 个比特位。

由以上定义，我们可以很容易地得到 bpn $= \dfrac{|M|}{C}$，其中 $|M|$ 代表秘密数据的总长度。由于本实验中使用了 145000bit 的二进制秘密数据作为实验中的秘密数据，因此每个 DNA 序列中隐藏的秘密数据为 145000bit，即 $|M| = 145000$。表 3-10 所示实验结果中给出了实验得到的具体值。

表 3-10 实验结果

编　号	核苷酸数	capacity	payload	bpn
AC153526	200117	200117	0	0.725
AC167221	204841	204841	0	0.708
AC168874	206488	206488	0	0.702
AC168897	200203	200203	0	0.724
AC168907	194226	194226	0	0.747
AC168908	218028	218028	0	0.665

本方案基于文献[26]中的替换法，因此将比较替换法和本方案的 ER 及 MR。通过实验计算两个方案中的 MR，如表 3-11 所示。

表 3-11 MR

编　号	核苷酸数	替换法 MR	本方案 MR
AC153526	200117	60.3%	36.2%
AC167221	204841	61.2%	35.4%
AC168874	206488	61.5%	35.1%
AC168897	200203	60.3%	36.3%
AC168907	194226	59.1%	37.4%
AC168908	218028	63.6%	33.2%

如表 3-12 所示，通过实验计算得到了替换法、插入法以及本方案 ER。由表可知本方案和替代法的 ER 均为 0，而插入法却保持了较高的 ER。这说明本方案保持了替换法中不改变载体 DNA 长度的优点。

表 3-12　ER

编　号	核苷酸数	插入法 ER	替换法 ER	本方案 ER
AC153526	200117	36.2%	0	0
AC167221	204841	35.4%	0	0
AC168874	206488	36.2%	0	0
AC168897	200203	36.2%	0	0
AC168907	194226	37.2%	0	0
AC168908	218028	33.3%	0	0

此外，将本方案和 Shiu 等[26]的替换法和插入法进行比较的结果如表 3-13 所示。从表 3-13 可以发现本方案和替换法中的 capacity 都等于载体 DNA 的长度$|S|$，并且 payload 都等于 0，这说明本文提出的方案保持了替换法中的不改变载体 DNA 长度的优点，这对 DNA 信息起到了一定程度的保护作用，在攻破概率方面，该方案相比于替换法也具有较低的攻破概率。

表 3-13　方案比较

各方案	插入法	替换法	本方案
攻破概率	$\frac{1}{1.63\times10^8}\times\frac{1}{n-1}\times\frac{1}{2^m-1}\times\frac{1}{2^{s-1}}\times\frac{1}{6}\times\frac{1}{24}$	$\frac{1}{1.63\times10^8}\times\frac{1}{6}/\frac{1}{3^n}$	$\frac{1}{1.63\times10^8}\times\frac{1}{6}\times\frac{1}{6}$
capacity	$|S|+|M|/2$	$|S|$	$|S|$
payload	$|M|/2$	0	0
bpn	$|M|/(|S|+|M|/2)$	$|M|/|S|$	$|M|/|S|$

3.4.3　实验结果分析

数据隐藏的主要目的就是通过将秘密数据隐藏到通信载体中，使通信双方可以在不引起攻击者注意的情况下通过网络或其他途径传输秘密数据，并且秘密数据的隐藏方法也保证了秘密信息的安全性。要达到以上目的，数据隐藏方案就必须在尽量保证一定的藏量的情况下保证较低的 MR 和 ER。下面将从藏量、MR 和 ER 方面对本方案进行分析，并将本方案和文献[26]中的替换法进行比较，进而说明本方案的可行性。

实验中使用 145000bit 的二进制秘密数据作为秘密数据，使用表 3-9 中的 6 条 DNA 序列作为载体 DNA。通过表 3-10，我们可以看出各个载体 DNA 的 bpn 都在 0.65 以上。通过表 3-13，我们还可以将本方案和文献[26]中的替换法进行对比，两个方案的藏量差不多，说明了本方案的藏量是可以的。

我们知道，文献[26]中的替换法随着所藏秘密数据的不断增加，自身的修改率也会大幅度增加，即该方案具有较高的修改率，这样会在一定程度上降低该方案的安全性。而本方案就是针对替换法中的较高的 MR 进行了改进，如表 3-11 中计算了本实验中这两种方案的 MR。由表 3-11 可知，在容量接近的情况下，替换法的 MR 是本方案的两倍。同时，通过表 3-13 我们知道，替换法攻击者在不知道任何信息的情况下，得到秘密数据的

概率是 $\dfrac{1}{1.63\times 10^8}\times \dfrac{1}{6}/\dfrac{1}{3^n}$（$n$ 为参考 DNA 长度），而本方案为 $\dfrac{1}{1.63\times 10^8}\times \dfrac{1}{6}\times \dfrac{1}{6}$，这也表明本方案在一定程度上比替换法安全。所以，在安全性方面，本方案明显优于文献[26]中的替换法。

本章小结

近年来，一些利用 DNA 序列的性质实现数据隐藏的方案被陆续提出，并表现出良好的性能。本章基于 Shiu 等[26]中的替换法提出了一种改进的数据隐藏方案。本章方案利用核苷酸互补规则以及一个规定的映射关系将秘密数据隐藏到载体 DNA 中，进而得到藏有秘密的虚假 DNA 序列。通过安全性分析可知，攻击者几乎不可能在不知道任何信息的情况下得到秘密数据。同时，本章方案在实现了较高的藏量的情况下 ER 为 0，MR 也很低，这也在一定程度上减少了攻击者的注意，增加了一定的安全性。综上所述，本章方案具有较高的可行性。

第 4 章　主动秘密共享方案

4.1　引言

　　计算机技术及网络通信技术的发展给人类带来了很多便捷,但与此同时网络信息的安全问题变得非常尖锐。在公开的网络环境中,信息的窃取、修改、网络攻击以及破坏信息数据等事件时有发生。因此,如何保证网络安全,消除网络安全隐患,阻止网络中敏感信息的泄露,是一个急需解决的问题。

　　目前,加密技术已经成为解决信息安全的一个重要方法。密码算法作为加密技术的核心决定了数据的整体安全强度。一般而言,在加密阶段,通过加密算法和加密密钥对信息进行加密,从而得到密文;在解密阶段,通过解密算法和解密密钥对密文进行解密,从而得到加密前的信息。但是,由于密码算法更新较为困难,且其往往是公开的,因此密码系统的安全性主要取决于其密钥的保密强度。然而,作为加密数据安全性关键的密钥的管理仍存在一些安全隐患。

　　1) 不可信保管者:在现实生活中,没有任何人是完全可信的,因此密钥保管者一旦背叛系统,则导致加密数据的安全性丧失。

　　2) 密钥丢失:密钥可能由于意外原因而丢失,此时加密信息就无法恢复。简单的通过增加密钥保管者的方法虽然能够防止密钥丢失,但同时也会增加系统的安全风险。

　　3) 单点攻击:为获取密钥,攻击者将使用各种手段对密钥的保管者进行攻击。一旦密钥被攻击者获取,则加密数据的安全性将完全丧失。

　　秘密共享技术是一种在一组参与者中进行秘密共享的技术,它主要被用来保护秘密信息在传输过程中不被丢失、破坏或修改。而主动秘密共享技术是对秘密共享技术的一种拓展,其目的也是在一组参与者中进行秘密共享。该技术最大的特点是参与者手中相应的秘密份额可以在未改变共享秘密的前提下进行定期更新,从而加大了攻击者进行秘密窃取或破坏的难度。除此之外,在多数现有的主动秘密共享方案中,一个秘密共享进程中只有一个秘密可以被共享,即仅仅实现了单秘密的共享,因此在实际应用场景中,同时需要进行多个秘密共享的场景就受到了限制。

　　1979 年,Shamir 和 Blakley[60-61]分别提出了第一个 (t,n) 门限秘密共享方案,该方案基于拉格朗日差值和射影几何理论。秘密共享方案包含一个可信的经销商和 n 个参与者,经销商将共享的秘密分成 n 个秘密份额,然后把它们通过安全通道分发给 n 个参与者。在 (t,n) 门限方案中,至少 t 个诚实的参与者可以重构出共享的秘密,$(t-1)$ 个或更少的参与者不能得到任何关于秘密的信息。因此,即使少于 t 个参与者受到损害,它们也不能通过合作来计算出秘密。

　　秘密共享方案通过将信息分布在不同地方(秘密份额持有人)来保证信息的保密性和完整性。然而,对于长寿命和敏感的秘密,这种保护措施显得不够。在多数情况下,如加密的主秘钥、数据文件、法律文件等，秘密信息需要被存储相当长的时间。在以上情况下，考虑到时间足够，对手可能会一个接一个地危及 t 个服务者，从而获得 t 个秘密份额来还原得到共享的秘密。因此，为了保密信息，需要在不改变共享秘密的情况下定期地更新秘密份额。为了防止此类攻击，主动秘密共享方案被提出。秘密共享的主动安全性是由 Ostrovsky 等[74]提出的，Herzberg 等[75]讨论并给出详细且具有前瞻性的主动秘密共享方案。在该方案中，秘密份额可以定期更新（与此同时不会改变秘密信息），通过这样的方式，攻击者在一个时间段内得到的信息对攻击秘密信息而言没有用。因此，攻击者要想得到秘密，就需要在一个时间段内获得所有 t 个份额。Xu 等[76]提出了一个可以定期更新秘密份额的秘密共享方案，该方案中提出，受信任的经销商在初始化阶段和更新阶段来分发秘密信息，因此数据通信量和计算量都会减少。Zhou 等[78]在 2005 年为异步系统机制提出了一种主动秘密共享协议，在该系统机制中，信息传递的延迟和处理器的执行速度没有固定的界限。他们的研究扩展了主动秘密共享的范围。2009 年，Ma 等[117]提出了主动可验证线性整数秘密共享方案。线性整数秘密共享是由 Damgard 等[118]首先研究的，其中被共享的秘密是一个整数，并且每个秘密份额被计算作为共享秘密的和经销商随机挑选的随机数的整数线性组合。在 Ma 等提出的方案中，将组合结构变成主动来减少计算成本，同时他们还提出了一个可验证的无需公钥密码系统的方法来防止和检测参与者、经销商的欺骗。2010 年，Schultz 等[79]开发了一种新的移动式主动秘密共享方案，在该方案中，参与者集合发生了改变。

1995 年，多秘密共享方案被 Harn[83]提出，该方案是为了解决多个秘密可以在一次秘密共享过程中得到共享。2004 年，Yang 等[82]提出一种新的多秘密共享方案，该方案基于 Shamir 的秘密共享方案和双变量单向函数。后来，Li 等[119]提出了一种新的 (t,n) 门限多秘密共享方案。2007 年，Zhao 等[120]提出了一个实用可验证的多秘密共享方案，该方案参考了 YCH 和 Hwang-Chang 的方案。2008 年，Dehkordi 等[86]也提出了一种基于 YCH、离散对数和 RSA 密码系统棘手性的可验证多秘密共享方案，在该方案中不再需要安全通道，可验证性会更加有效。

在本章中，基于 Xu 的可定期更新秘密份额的秘密共享方案，提出了一种主动式多秘密共享方案。在该方案中，相应的参与者不仅可以共享多个秘密，而且可以在共享秘密信息没有被改变的前提下定期更新手中的秘密份额，同时销毁上一个时间周期内的秘密份额，进一步增强了该方案的安全性。同时，多个秘密可以在一次秘密共享过程中得到共享。该方案的验证阶段使用的是 Zhao 等提出的实用可验证的多秘密共享方案中的方法。

4.2 相关知识介绍

4.2.1 秘密共享方案的理论基础

随着对信息安全要求不断提升，越来越多的领域都对秘密共享技术非常重视。下面着重从秘密共享方案的访问结构、定义以及信息率 3 个方面对其理论基础进行介绍。

1. 秘密共享方案的访问结构

对于秘密共享方案来说，访问结构是至关重要的。在一个秘密共享方案中，若 P 是参与者集合，则能够恢复出秘密信息的参与者集合称为授权子集；反之，不能恢复出秘密信息的参与者集合则称为非授权子集。所有授权子集的集合就称为该秘密共享方案的访问结构。实际上，实现一个秘密共享方案总是需要构造一个特定的访问结构。

设有限集，$P = \{P_1, P_2, \cdots, P_n\}$ 的所有子集的簇为 2^P，与秘密共享方案相关的一些重要定义如下。

定义 4.1 设 Γ 是 2^P 的一个非空子集，并且 $\Phi \notin \Gamma$。如果存在 $A \in \Gamma$ 能够推出 A 的超集 B，即 $P \supseteq B \supseteq A$ 也在 Γ 中，则称 Γ 具有单调性。

定义 4.2 若有 $\Gamma \subseteq 2^R$，则 Γ 的闭包定义如下所示：

$$\mathrm{cl}(\Gamma) = \{A \in 2^P : B \subseteq A \subseteq P, B \in \Gamma\} \tag{4-1}$$

式中 $\mathrm{cl}(\Gamma)$——2^P 中包含 Γ 的且具有单调性的最小集合。

当且仅当 $\Gamma = \mathrm{cl}(\Gamma)$ 时，称 Γ 具有单调性。令 Γ_0 表示 Γ 中极小元组成的集合，即 $\Gamma_0 = A \in \Gamma$ 不存在 $B \in \Gamma$ 使 $B \subset A$。

定义 4.3 设 R 为有限集，则称 Γ（Γ 为具有单调性的 2^P 上的子集）为 P 上的访问结构。

定义 4.4 将访问结构 Γ 的极小元组成的集合 Γ 称为 Γ_0 的基。

Γ 的基可表示为 $\Gamma_0(\xi) = \{A - (\xi) : A \in \Gamma_0 \text{且} \xi \in A\}$。由于 $\Phi \notin \Gamma$，因此 Γ_0 非空。假设参与者 $\xi \in P$，记 $\Gamma_0(\xi) = \{A - (\xi) : A \in \Gamma_0 \text{且} \xi \in A\}$。若 $\Gamma_0(\xi) = \Phi$，则对 $\forall A \in \Gamma_0$ 均有 $\xi \notin A$。该参与者对还原秘密信息不起任何实质性的作用，因此称它为虚设参与者。假设 $P' \subset P$，且 P' 中不含任何虚设参与者，而 $P - P'$ 中的所有参与者都是虚设参与者，那么 $\Gamma' = \mathrm{cl}(\Gamma)$ 是 P' 上的访问结构。很容易根据 Γ' 上的秘密共享方案来实现 Γ 上的秘密共享方案。若 $\Gamma_0(\xi) = \{\Phi\}$，则称 $\{\xi\}$ 为授权子集，同时称 ξ 为特权参与者。由于 ξ 能够单独还原秘密信息，因此它与秘密分发者起的作用是相同的。若存在 ξ_1、$\xi_2 \in P$，使得 $\Gamma_0(\xi_1) = \Gamma_0(\xi_2)$，则称 ξ_1、ξ_2 为等价参与者。

定义 4.5 $\mathrm{rank}\Gamma = \max\{A \mid A \in \Gamma_0\}$ 称为访问结构 Γ 的秩。

定义 4.6 如果参与者集合 P 存在一个非平凡划分 $P = P_1 \cup P_2$ 能够满足 $\Gamma_0 \subseteq 2^{P_1} \cup 2^{P_2}$，则称该访问结构是不连通的；反之，不存在这样一个集合，就称该访问结构是连通的。

定义 4.7 设定 P_1 和 P_2 是两个参与者集合，Γ_1 和 Γ_2 分别是 P_1 和 P_2 上的访问结构，那么称 Γ_1 和 Γ_2 是同构的，记作 $\Gamma_1 \cong \Gamma_2$。

2. 秘密共享方案的定义

设 $P = \{P_1, P_2, \cdots, P_n\}$ 为参与者的集合，D 为秘密分发者，Γ 为 P 的访问结构，本章均假设 $D \notin P$。$S = \{S_1, S_2, \cdots, S_n\}$ 为需要共享的秘密信息组成的空间，其中 S_i 为参与者 P_i 拥有的子秘密空间，$i = 1, 2, \cdots, n$。$A = \{P_{i_1}, P_{i_2}, \cdots, P_{i_K}\} \subseteq P$，$i_1 \leqslant i_2 \leqslant \cdots \leqslant i_K$，记 A 中全体参与者拥有的子秘密的联合空间为 $s_A = s_{i_1} \times s_{i_2} \times \cdots \times s_{i_K}$。可以利用分配法则的集合来定义秘密共享方案，如下：

$$f: P \cup \{D\} \to S \cup \bigcup_{l=1}^{n} s_i \qquad (4\text{-}2)$$

式中　$f(P_i)$ —— $f(P_i) \in s_i$，分发者分配给参与者 P_i 的子秘密信息；

　　　$f(D)$ —— $f(D) \in S$，分发者需要让参与者共享的秘密信息。

分配法则 f 表示一种方法，该方法的作用是需要分发者将秘密信息 $f(D)$ 分成子秘密分发给参与者。用 τ 表示由分配法则构成的集合，并且该集合是公开的。对于 $\forall s \in S$，记 $\tau(s) = \{f \in \tau : f(D) = s\}$。如果 $s \in S$ 是分发者希望在参与者之间共享的秘密信息，那么分发者将会随机地选择一个分配法则 $f \in \tau(s)$，然后利用它将子秘密分配给各个参与者。

定义 4.8　当以下条件得到满足时，τ 被称为实现访问结构 $\varGamma$ 上的完备的秘密共享方案。

1）如果 $A \in \varGamma$，对于 $\forall f$，$g \in \tau$，如果 $f(P_i) = g(P_i)$ 对所有 $P_i \in A$ 成立，那么有 $f(D) = g(D)$。

2）如果 $A \in \varGamma$，则对 $\forall g : A \to \bigcup_{P_i \in A} s_i$（满足 $g(P_i) \in s_i$），存在着一个非负整数 $\lambda(g, A)$，使得 $\forall s \in S$ 均有 $|\{f \in \tau(s) : f(P_i) = g(P_i), \forall P_i \in A\}| = \lambda(g, A)$。

$$\forall g : A \to \bigcup_{P_i \in A} s_i \qquad (4\text{-}3)$$

准确地说，τ 是基于访问结构 $\varGamma$ 上的秘密空间为 S 的完备的秘密共享方案，记为 $R_S(\tau, \varGamma, S)$。其中，定义 4.8 中的条件 2）相当于 $|\{f \in \tau(s) : f(P_i) = g(P_i), \forall P_i \in A\}|$ 是一个与秘密 $s \in S$ 无关的常数。如果将条件 2）改为 $A \in \varGamma$，对 $\forall g \in \tau$，$\forall s \in S$ 均有 $|\{f \in \tau(s) : f(P_i) = g(P_i), \forall P_i \in A\}| > 0$ 成立时，则称 τ 是非完备的秘密共享方案（Nonperfect Secret Sharing Scheme），即在这种条件下，该秘密共享方案不具有无条件的安全性。

如果有 $\varGamma_1 \cong \varGamma_2$，其中 $\varGamma_1$ 和 $\varGamma_2$ 分别为参与者 P_1 和 P_2 上的访问结构，则 $\sigma : R_1 \to P$ 的关系是一一对应的。若存在访问结构为 $\varGamma_1$ 上的秘密共享方案 $P_S(\tau, \varGamma_1, S)$，如果将分配给 P_1 中的参与者 ξ 的子秘密分配给 P_2 中的参与者 $\sigma(\xi)$，那么就可以得到访问结构为 $\varGamma_2$ 上的秘密共享方案 $P_S(\tau, \varGamma_2, S)$。因此，两个同构的通道结构具有相近的秘密共享方案的实现方法。

此秘密共享方案中，秘密信息以及参与者获取的子秘密信息均服从均匀分布的规律。若秘密空间服从一定规律的概率分布，并且一个分发者试图在参与者集合 P 中共享秘密信息 $s \in S$ 时，它会以某一概率分布从 S_i 中选取一个子秘密将其分发给参与者，因此得到的分配法则显然是一个随机函数，则此时需要对秘密共享方案在概率意义上重新定义。

令秘密空间 S 的概率分布为 $\{Pr_S(s)\}_{s \in S}$，简记为 Pr_S。一个秘密空间为 S 的秘密共享方案以及通过 S 上的概率分布自然可导出由参与者拥有的子秘密组成的联合空间 S_A 的概率分布对 $\forall A \subseteq P$，这样的概率分布表示为 $\{Pr_{S_A}(a)\}_{a \in S_A}$。为避免使用过多的标记，这里用 S 表示秘密信息的集合，同样表示根据概率分布 $\{Pr_S(s)\}_{s \in S}$ 在 S 上取值的随机变量；用 A 表示参与者的子集，同样表示根据概率分布 $\{Pr_{S_A}(a)\}_{a \in S_A}$ 在 S_A 上取值的随机变量。对于任意 $s \in S$ 以及满足 $Pr_{S_A}(a) > 0$ 的子秘密向量 $a \in S_A$，用 $Pr(s|a)$ 表示参与者子集 A 持有的子秘密向量为 a 时秘密值为 s 的概率。

定义 4.9 若满足下述特征，则称 (τ, Γ, S) 为完备秘密共享方案。

特征 1：任意授权子集能计算出秘密值，即如果 $A \in \Gamma$，则对满足 $Pr_{S_A}(a) > 0$ 的任意子秘密向量 $a \in S_A$，均存在唯一秘密 $s \in S$，使得 $Pr(s|a) = 1$。

特征 2：任意非授权子集无法得到有关秘密的任何信息，即如果 $A \notin \Gamma$，则对任意 $s \in S$ 以及任意 $a \in S_A$，均有 $Pr(s|a) = Pr_S(s)$。

上述定义中，特征 1 与特征 2 可以用熵的概念进行描述。

用 $H(S)$ 表示 $\{Pr_S(s)\}_{s \in S}$ 的熵，对于 $\forall A \subseteq P$，用 $H(A)$ 表示 $\{Pr_{S_A}(a)\}_{a \in S_A}$ 的熵。

用 $H(S|A)$ 表示 $\{Pr(s|a)\}_{s \in S, a \in S_A, Pr_{S_A} > 0}$ 的熵。

上述特征 1、特征 2 分别与以下两个特征等价。

特征 3：对于 $\forall A \in \Gamma$，均有 $H(S|A) = 0$。

特征 4：对于 $\forall A \notin \Gamma$，均有 $H(S|A) = H(S)$。

类似地，非完备秘密共享方案则是将上述特征 4 改为：对于 $\forall A \notin \Gamma$，均有 $0 < H(S|A) \leq H(S)$。

3．秘密共享方案的信息率

在秘密共享方案中，信息率是一个很重要的概念。秘密共享方案的信息率实质上是指秘密的规模与参与者掌握的子秘密规模的比例。站在分发者的角度来看，在秘密信息一定的情况下，分发给参与者的信息越少，方案的安全性越高；站在参与者的角度来看，保管的子秘密的规模越大，方案的安全性越低。也就是说，信息率越大，方案的安全性越高。信息率的相关定义如下。

定义 4.10 设 τ 为一个秘密共享方案，Pr_S 为秘密空间的概率分布。秘密共享方案 τ 的信息率的定义为

$$\rho(\tau, \Gamma, Pr_S) = \frac{H(S)}{\max_{X \in P} H(X)} \tag{4-4}$$

秘密共享方案 τ 的平均信息率定义为

$$\tilde{\rho}(\tau, \Gamma, Pr_S) = \frac{H(S)}{\sum X \in P H(X)/n} \tag{4-5}$$

秘密共享方案的信息率和平均信息率依赖于秘密空间的概率分布和子秘密的分配法则。当秘密空间的概率分布为平均分布时，秘密共享方案的信息率的定义为

$$\rho(\tau, \Gamma, Pr_S) = \frac{\log|S|}{\max_{X \in P} \log|X|} \tag{4-6}$$

其平均信息率的定义为

$$\tilde{\rho}(\tau, \Gamma, Pr_S) = \frac{\log|S|}{\sum X \in P \frac{\log|X|}{n}} \tag{4-7}$$

定义 4.11 设 Γ 为访问结构的秘密共享方案，其最优信息率的定义为

$$\rho'(\Gamma) = \sup_{\tau, Q} \rho(\tau, \Gamma, Pr_S) \tag{4-8}$$

其最优平均信息率的定义为

$$\tilde{\rho}'(\varGamma) = \sup_{T,Q} \tilde{\rho}(\tau, \varGamma, Pr_S) \tag{4-9}$$

式中 T——所有以 $\varGamma$ 为访问结构的秘密共享方案空间；
Q——所有可能秘密的非平凡概率分布空间。

由于 $\rho'(\varGamma)$ 和 $\tilde{\rho}'(\varGamma)$ 分别是取自 $\varGamma$ 上所有秘密共享方案中信息率与平均信息率的最大值，因此它们仅仅是一个只与访问结构本身有关的参数，因此也称其为 $\varGamma$ 的最优信息率与最优平均信息率。

对任意访问结构 $\varGamma$ 及 $\varGamma$ 上的任意秘密共享方案 τ，均有

$$\tilde{\rho}(\tau, \varGamma, Pr_S) \leqslant \rho(\tau, \varGamma, Pr_S)$$
$$\tilde{\rho}'(\varGamma) \leqslant \rho'(\varGamma)$$
$$0 < \rho(\tau, \varGamma, Pr_S) \leqslant \rho'(\varGamma) \leqslant 1$$
$$0 < \tilde{\rho}(\tau, \varGamma, Pr_S) \leqslant \tilde{\rho}'(\varGamma) \leqslant 1$$

另外，当且仅当 $\rho(\tau, \varGamma, Pr_S) = 1$ 且 $\tilde{\rho}(\tau, \varGamma, Pr_S) = 1$ 时，称 τ 为 $\varGamma$ 上的理想秘密共享方案，简称理想方案。

4.2.2 基于拉格朗日插值多项式的秘密共享算法

1979 年，Shamir 首次提出了基于拉格朗日插值的 (t,n) 门限秘密共享算法。该方案是目前为止应用较广泛的门限秘密共享方案之一，除了因为其实现起来比较简单外，更由于该方案是一个完备的理想方案。

1．初始化阶段

假设 D 为秘密分发者，s 是需要进行共享的秘密信息，$P = \{p_1, p_2, \cdots, p_n\}$ 是参与者的集合。设 p 为一个大素数，t 表示该过程的门限值，秘密空间和秘密份额空间都在有限域 $GF(p)$ 上，而 $d_1, d_2, \cdots, d_n$ 为该有限域上的互不相同的整数。

2．秘密分发阶段

首先，随机选取整数 $a_1, a_2, \cdots, a_{t-1}$，同时使其满足 $a_0 = f(0) = s$，秘密分发者构造一个 $(t-1)$ 次的多项式 $f(x) = a_0 + a_1 x + \cdots + a_{t-1} x^{t-1} \bmod p$；然后，计算秘密份额 $x_i = f(d_i) \bmod p (i = 1, 2, \cdots, n)$，并将计算出的秘密份额通过安全信道分发给参与者们。

3．秘密重构阶段

根据 (t,n) 门限的定义，由 n 个参与者中的任意 t 个进行合作，就可以得到 t 个点对：$(x_1, y_1), (x_2, y_2), \cdots, (x_t, y_t)$，通过利用拉格朗日插值法可以得到下述公式：

$$f(x) = \sum_{i=1}^{t} x_i \prod_{j=1, j\neq i}^{t} \frac{x - d_j}{d_i - d_j} \bmod p$$

$$s = \sum_{i=1}^{t} x_i \prod_{j=1, j\neq i}^{t} \frac{d_j}{d_j - d_i} \bmod p \tag{4-10}$$

其中，当 $x = 0$ 时，即可重构出秘密信息 s：

$$s = f(0) = \sum_{i=1}^{t} x_i \prod_{j=1, j\neq i}^{t} \frac{0 - d_j}{d_i - d_j} \bmod p$$

4.2.3 基于中国剩余定理的秘密共享算法

1. 中国剩余定理

设 $m_1, m_2, \cdots, m_k$ 是两两互素的整数序列，$M = \prod_{i=1}^{t} m_i$，则一次同余方程组

$$\begin{cases} x \equiv a_1 \pmod{m_1} \\ x \equiv a_2 \pmod{m_2} \\ \vdots \\ x \equiv a_k \pmod{m_k} \end{cases} \tag{4-11}$$

对模 M 有唯一解，解为 $x \equiv \left(\dfrac{M}{m_1}e_1 a_1 + \dfrac{M}{m_2}e_2 a_2 + \dfrac{M}{m_k}e_k a_k\right) \bmod M$，其中 e_i 满足 $\dfrac{M}{m_i}e_i \equiv 1 \pmod{m_i}$ $(i=1,2,\cdots,k)$。

2. 基于中国剩余定理的门限密码方案

由 Asmuth 和 Bloom 提出的基于中国剩余定理的门限密码方案利用线性同余方程组把需要共享的秘密分成 n 个份额，然后利用中国剩余定理进行秘密的重构。

（1）初始化阶段

构造 Asmuth-Bloom 序列，该序列是满足下列条件的整数集合：

1) $\gcd(m_i, m_j) = 1$
2) $\prod_{i=1}^{t} m_i > m_0 \prod_{i=1}^{t-1} m_{n-i+1}$

（2）秘密分发阶段

1) 假设 $M = \prod_{i=1}^{t} m_i$，x 为需要共享的秘密，且满足 $0 \leq x < m_0$。
2) 秘密分发者计算 $y = x + am_0$，其中 a 是一个正整数，其满足 $0 \leq y < M$。
3) 计算出秘密份额 $y_i \equiv y \pmod{m_i}$ $(i=1,2,\cdots,n)$，并将其分发给相应的参与者。

（3）秘密重构阶段

1) 设 S 是阈值中 t 个参与者组成的子集，该子集可以通过合作重构出秘密信息，即该集合是合格集合，并且 $M_S = \prod_{i \in S} m_i$。
2) 由中国剩余定理可知，存在满足同余方程组的 y，$y \equiv y_i \pmod{m_i}, i \in S$。
3) 同时，对于模 M_S，y 存在唯一解，即重构得到共享的秘密 $x = y \bmod m_0$。

4.2.4 基于阈值方案的多秘密共享方案

本节将简要回顾 Li 等[119]的方案，该方案建立在 Shamir 提出的基于阈值方案的基础上，Shamir 利用插值多项式来隐藏秘密，通过插值多项式计算出秘密份额并分发给每个参与者。

1. 两变量单向方程

在介绍 Li 的方案之前,首先给出拥有两个变量 r 和 s 的两变量单向方程 $f(r,s)$ 的定义,这是因为在 Li 的方案中用到了两变量单向方程。

定义 4.12 $f(r,s)$ 代表一个两变量单项方程,该方程将变量 r 和 s 映射成具有固定长度的一个位串。两变量单向方程具有以下几个属性:

1) 给定变量 r 和 s,能够很简单地计算出 $f(r,s)$。
2) 给定 s 和 $f(r,s)$,很难计算出变量 r 的值。
3) 在不知道 s 的情况下,对于任何的 r 都不能计算 $f(r,s)$。
4) 给定 s,很难找到两个不同的 r_1 和 r_2 使得 $f(r_1,s) = f(r_2,s)$。
5) 给定 r 和 $f(r,s)$,很难计算出 s。
6) 给定若干对 r_i 和 $f(r_i,s)$,在 $r_i \neq r_j$ 的情况下很难计算出 $f(r_j,s)$。

2. 相关定理介绍

下面介绍一个在 Li 的方案中使用过的理论。

定理 4.1 给定 $(m+1)$ 个未知变量 $x_i \in \text{GF}(q)(i=0,1,\cdots,m)$ 和 $m+1$ 个方程 $x_i' = x_0 \oplus x_i (i=0,1,\cdots,m)$,这里 $\text{GF}(q)$ 是一个有限域,"$\oplus$"代表位与位的异或逻辑运算。仅仅 $x_i'(i=0,1,\cdots,m)$ 的值被公布。在不知道 x_0 值的情况下,要得到其他未知变量的值在计算上是不可行的。

定理 4.1 的证明:将通过下面两步证明定理 4.1。

1) 给定 x_0,通过计算 $x_i = x_0 \oplus x_i'$ 可以很容易地找到 $x_i(i=1,2,\cdots,m)$。
2) 在不知道 x_0 的值的情况下,定理 4.1 的证明就等价于从 m 个 $x_0 \oplus x_i = x_i'(i=0,1,\cdots,m)$ 方程组成的方程组中解出 $m+1$ 个未知数,所以给定 m 个方程无法给出这些未知变量的值。攻击者能够做的只有猜测想知道的值,而该概率仅仅是 $1/q$,因为 $x_i \in \text{GF}(q)$。如果 $\text{GF}(q)$ 是一个足够大的有限域,则成功的概率趋近于 0。所以,在不知道 x_0 的值的情况下,要得到其他未知变量的值在计算上是不可行的。

3. 方案描述

Li 的方案大致描述如下。

(1) 系统参数

$\text{GF}(q)$ 代表一个有限域,这里 q 是一个很大的素数,所有的数字都属于 $\text{GF}(q)$。经销商随机地从 $\text{GF}(q)$ 中挑选 n 个不同的整数 $s_1, s_2, \cdots, s_n$ 作为参与者的秘密份额,并且从中挑选 n 个不同的整数 $u_i \in [n-t+2, q](i=1,2,\cdots,n)$ 作为参与者的公共身份标识,有 p 个秘密 $k_1, k_2, \cdots, k_p$ 被这 p 个参与者所共享。$f(r,s)$ 是一个在下面被定义和为每个参与者计算伪秘密份额的两变量单向方程。

(2) 秘密分发

一个被信任的经销商用以下几步来进行秘密分发:

1) 随机选择一个整数 r,计算 $f(r, s_i)(i=1,2,\cdots,n)$。
2) 使用 n 对 $(0, k_1), (u_1, f(r, s_1)), (u_2, f(r, s_2)), \cdots, (u_n, f(r, s_n))$ 来计算 n 阶多项式 $h(x) = a_0 + a_1 x + \cdots a_n x^n$。

3）计算 $z_i = h(i) \bmod q$ $(i=1,2,\cdots,n-t+1)$ 和 $k'_i = k_1 \oplus k_i \bmod q (i=2,3,\cdots,p)$。

4）公布 $r, z_1, z_2, \cdots, z_{n-t+1}, k'_1, k'_2, \cdots, k'_\sigma$ 的值。

（3）秘密重构

为了重构出秘密，至少有 t 个参与者一起拿出他们的伪秘密份额 $f(r,s_i)$ $(i=1',2',\cdots,t')$。这样，就有了 t 对 $(u_i, f(r,s_i))$ $(i=1',2',\cdots,t')$。从公开的信息 $z_1, z_2, \cdots, z_{n-t+1}$ 中又可以得到 $(n-t+1)$ 对 $(i, z_i)(i=1,2,\cdots,n-t+1)$。因此，一共得到了 $n+1$ 对数值，利用这 $n+1$ 对值可以很容易地得到 $h(x)$。在这里使用 $(X_i, Y_i)(i=1,2,\cdots,n+1)$ 来各自独立地代表这 n 对值，所以 $h(0)$ 可以通过如下拉格朗日插值多项式来得到：

$$h(0) = \prod_{i=1}^{n+1} Y_i \prod_{j=1, j\neq i}^{n+1} \frac{-X_j}{X_i - X_j} \bmod q \tag{4-12}$$

从上面知道 $k_1 = h(0)$，因此接着可以很容易地通过 $k_i = k_1 \oplus k'_i \bmod q$ $(i=2,\cdots,p)$ 计算剩余的 $(p-1)$ 个秘密。

4.3 一种新颖的主动式多秘密共享方案

本节将提出一个建立在 Xu[76] 的主动秘密共享方案上的基于 (k,n) 门限的主动多秘密共享方案，其中多秘密共享建立在 Li[119] 的多秘密共享方案上。

和 Li[119] 的方案一样，该方案也基于定理 4.1，方案描述如下。

1. 系统参数

秘密分发者（用 U_D 表示）首先建立一个公共布告栏（NB），布告栏的属性和上面方案中的一样。假设 $EP_i(\cdot)$ 是使用参与者公钥和拥有安全可信赖加密过程的公钥加密算法。q 是一个很大的素数，$GF(q)$ 是一个有限域且所有的元素都在其中，并且在 $GF(q)$ 中离散对数问题是难解的。G 是 $GF(q)$ 中的生成器，$g \in GF(q)$。秘密分发者随机选择 n 个不同的整数 $u_i \in GF(q)(i=1,2,\cdots,n)$ 作为参与者的身份标识。同样假设有 n 个参与者 $U_1, U_2, \cdots, U_n$ 共享 p 个秘密 $p_1, p_2, \cdots, p_p$，$p_i \in GF(p)(i=1,2,\cdots,p)$。

2. 秘密分发

在周期 t 中产生的秘密份额用上标 t 来表示，如 $y_i^{(t)}, t=0,1,\cdots,K$。同样，与这些秘密份额相对应的多项式用 $f^{(t)}(\cdot)$ 表示。在开始时，可信赖的秘密分发者执行如下步骤：

1）构建一个 $(k-1)$ 阶的多项式 $f^{(0)}(x) = a_0 + a_1^{(0)}x + \cdots + a_{k-1}^{(0)}x^{k-1} \bmod q$，这里 $a_0 = P_1$，$a_1^{(0)}, a_2^{(0)}, \cdots, a_{k-1}^{(0)}$ 是从 $GF(q)$ 中随机选择的。

2）计算 $y_i^{(0)} = f^{(0)}(u_i) \bmod q (i=1,2,\cdots,n)$，并把 $y_i^{(0)}$ 通过安全的信道分发给每一个参与者 $U_i(i=1,2,\cdots,n)$。

3）秘密分发者计算 $G_i^{(0)} = g^{y_i^{(0)}} \bmod q$ $(i=1,2,\cdots,n)$ 并将 $\{g, G_i^{(0)}(i=1,2,\cdots,n)\}$ 公示在公告牌上。

4）计算 $P'_i = P_1 \oplus P_i \bmod q$ $(i=2,3,\cdots,p)$ 并将 $\{p'_i(i=2,3,\cdots,p)\}$ 公示在公告牌上。

3. 份额更新

为了在周期 t ($t = 2, 3, \cdots$) 内更新秘密份额，按照如下更新协议执行更新。

1）随机从有限域 $GF(q)$ 选择 $(k-1)$ 个整数 $\varepsilon_1^{(t)}, \varepsilon_2^{(t)}, \cdots, \varepsilon_{k-1}^{(t)}$，构建如下多项式：
$$\varepsilon^{(t)}(x) = \varepsilon_1^{(t)} x + \varepsilon_2^{(t)} x^2 + \cdots + \varepsilon_{k-1}^{(t)} x^{k-1} \bmod q$$

2）计算 $u_i^{(t)} = \varepsilon^{(t)}(i)$，$v_i^{(t)} = EP_i(u_i^{(t)})$ ($i = 1, 2, \cdots, n$)，$G_i^{(t)} = g^{y_i^{(t-1)}} \cdot g^{u_i^{(t)}} \bmod q$ ($i = 1, 2, \cdots, n$) 并将 $\{v_i^{(t)}, G_i^{(t)} (i = 1, 2, \cdots, n)\}$ 公示在公告栏上。

3）在时间周期 t 内，每个参与者 U_i 使用他们的私钥解码 $v_i^{(t)} = EP_i(u_i^{(t)})$，这样将得到 $u_i^{(t)}$。根据多项式的线性关系 $f^{(t)}(x) \leftarrow f^{(t-1)}(x) + \varepsilon^{(t)}(x)$，可以得到 $y_i^{(t)} \leftarrow y_i^{(t-1)} + u_i^{(t)}$ 并摧毁 $y_i^{(t-1)}$。

4. 秘密重构

在时间周期 t 内，假设 k 个参与者拿出他们的秘密份额 $y_i^{(t)*}$ ($i = 1, 2, \cdots, k$)，每个参与者可以通过以下方程检查其他参与者秘密份额的有效性：$g^{y_i^{(t)*}} = G_i^{(t)} \bmod q$。知道 k 对 $(u_1, y_1^{(t)}), (u_2, y_2^{(t)}), \cdots, (u_k, y_k^{(t)})$ 即可得到 $(k-1)$ 阶多项式 $f^{(t)}(x)$，如下：

$$f^{(t)}(x) = \sum_{i=1}^{k} y_i^{(t)} \prod_{j=1, j \neq i}^{k} \frac{x - u_j}{u_i - u_j} \tag{4-13}$$

有 $p_1 = f^{(t)}(0) = a_0$，因此就可以很容易地根据 $p_i = p_1 \oplus p_i' \bmod q (i = 2, 3, \cdots, p)$，各自独立地计算出剩下的 $(p-1)$ 个秘密。

4.4 实验和分析

该方案中提出了一种基于 Xu[76] 的定期更新秘密份额的主动秘密共享方案，其安全性是重构了 Li[119] 的多秘密共享方案和离散对数难解问题。下面将就几种可能出现的攻击现象来证明该方案的安全性。

1. 攻击 1

攻击方式：$t-1$ 个或者是更少的参与者试图重构秘密。

分析：本方案的安全性和基于拉格朗日插值多项式的 Shamir 的方案的安全性相似，任何 $k-1$ 个或者更少的参与者不能得到多项式和秘密的任何信息。

2. 攻击 2

攻击方式：一个恶意的攻击者会试图在一段很长的时间段里从攻击者那里得到 k 个秘密份额。

分析：根据主动秘密共享方案的特点和本方案的描述，每个参与者手中的秘密份额会定期更新，即秘密份额会在一定的时间间隔内定期进行更新。因此，一个恶意的攻击者需要在一个周期内得到参与者的秘密份额；否则，如果 $k-1$ 个秘密份额在一个周期内得到，其他秘密份额在另一个周期内得到，那么该攻击者将不能得到秘密，因为其中的一个秘密份额已经改变。本章的主动秘密共享增加了攻击者攻击的难度。

3. 攻击3

攻击方式：一个参与者试图用假的秘密份额 s_i' 来欺骗其他合作者。

分析：在重构秘密时，需要假设每个参与者都是诚实地来一起合作重构秘密。但是，这个假设是不实际的。一个恶意的参与者可能拿出一个假的秘密份额 s_i' 来欺骗其他参与者，这将导致其他的 $k-1$ 个诚实的参与者拿出他们的秘密份额，但是用这 $t-1$ 个秘密份额无法重构出秘密信息，只有恶意的参与者可以得到秘密信息。本章提出了一种建立在离散对数难解问题上的验证方案，每个参与者 U_i 可以按如下方程检查其他参与者拿出的秘密份额 $y_j^{(t)*}s\,(j=1,2,\cdots,k, j\neq i)$ 是否有效：$g^{y_i^{(t)*}} = G_i^{(t)} \bmod q$。

本章小结

本章提出了一种建立在 Xu[76]的方案和离散对数难解问题上的主动多秘密共享方案，该方案具有主动的性质，即每个参与者手中的秘密份额可以在一段时间里被更新。对于一个同步的网络系统，本章提出的主动秘密共享机制除了每隔一个固定的时间周期更新秘密份额外，还会销毁上一个时间周期内的秘密份额。因此，在一个 (t, n) 门限的秘密共享方案中，攻击者如果想得到秘密信息，就必须在同一个时间周期内至少攻破 t 个服务器，并获得 t 个秘密份额，加大了攻击者窃取秘密信息的难度。除此之外，相比于以前提出的方案，该方案可以在一个过程中实现多个秘密共享。另外，在重构阶段，秘密份额可以被有效验证。

第 5 章 可逆的主动秘密图像共享方案

5.1 引言

随着智能手机、平板电脑、数码和单反相机的日益普及，数字图像在网络上的传输变得更加频繁和重要，数字图像共享与我们的生活越来越密不可分。任何人都可以利用自己的手机或数码相机等电子设备拍摄数字照片，然后通过聊天工具或 Email 等方式与自己的家人朋友进行分享。除此之外，身处不同地区的医学工作者可以通过互联网来对某位患者的 X 光片进行共享，从而通过合作来共同进行诊治。以上这些应用都有一个共同的性质，即需要在特定的群体中进行数据图像的共享。若需要共享的数字图像是敏感图像，如涉及国家机密或个人隐私等，则其在互联网传输时就存在着巨大的危险。特别地，在军事领域，图片的传输需要确保绝对安全，不会被任何第三方窃取，因为其中的有些图片含有军事机密，一旦泄露，很可能导致国家安全受到威胁和侵害。因此，数字图像的共享问题开始受到越来越多的关注，于是秘密图像共享技术作为秘密共享技术在图像领域的拓展，引起了众多科技工作者的注意，从而逐渐提出了一系列秘密图像共享方案。在秘密图像共享技术出现之前，保护图像秘密安全性的最常用手段是通过密码学方法对图像信息进行加密，然后把加密后的信息在网络中进行传输，进而保证信息的机密性和防止被篡改。但是这种方法存在一个问题，即经过加密后的图像信息会变成没有任何意义的图像或数据，当在网络中传输这种数据时很容易引起攻击者的注意，从而增加了秘密信息的不安全性。

为了解决上述问题，秘密图像共享技术得到了学者广泛的研究。秘密图像共享技术的主要目的也是防止秘密图像在存储和传输中丢失或者被篡改。该技术将秘密图像产生 n 个秘密份额，然后将这 n 个秘密份额分发给 n 个参与者，只有达到规定要求的参与者集合才可以通过合作恢复秘密图像信息，不属于规定的参与者集合的任何参与者自己都无法获取秘密图像信息。这样就可以有效地解决秘密图像在存储和传输过程中产生的丢失或者被篡改的问题。同时，随着秘密图像共享技术的不断发展，学术界也将秘密图像共享技术分为视觉秘密图像共享和基于多项式的秘密图像共享技术。

1995 年，Noar 和 Shamir 发展了一个秘密共享的新分支，称为视觉加密或视觉秘密共享（Visual Secret Sharing，VSS）。视觉秘密共享不同于传统的秘密共享，其共享的是一张图像。该方案的基本思想是将秘密图像生成 n 个份额图像，每个秘密图像的像素对应份额图像的若干个子像素点，最后将这 n 个份额图像打印在透明胶片上。当需要恢复秘密图像时，只需要将任意 t 个透明胶片重合在一起即可，这里 t 是方案中规定的阈值。该方案满足任意少于 t 个透明胶片重合在一起都不能恢复秘密图像信息。由以上过程可知，视觉秘密共享方案在秘密图像共享过程中不需要任何密码学方法进行计算，因此得到了学界的广泛关注与研究。但是该方案产生的份额图像的质量不能得到保证，看起来像一些随机产生的图像，称为噪声图像。所以，当在网络上传输这种无意义的图像时，很容易引起攻击者的注意。为了解决这个问题，一些学者提出了一些基于多项式的秘密图像共享方案，进而产生有意义的份额图像，增加份额图像在网络传输中的安全性。基于 1979 年 Shamir 提出的秘密共享方案中的多项式的方法，Thien 等[98]在 2002 年提出了一种基于多项式的秘密图像共享方案。其主要思想是通过对 t 个秘密图像像素构建一个 $(t-1)$ 阶的多项式，进而通过每个参与者手中的 ID 利用多项式生成份额图像。由以上过程可知，每个参与者手中的份额图像是秘密图像的 $1/t$。在秘密恢复的过程中同样是利用拉格朗日插值多项式进行计算，进而可得到精确的秘密图像。但是该方案并没有解决份额图像是噪声图像的问题。为了解决以上问题，Lin 等[101]提出了一种利用隐写术的秘密图像共享方案，通过在份额图像中嵌入奇偶校验位来验证份额图像的正确性。但是该方案在秘密的重构阶段会轻微地损坏秘密图像，在一些特殊领域，如医药、军事等领域，对图像质量的要求非常高，这种轻微的损坏是不允许的。同时，这种方案产生的份额图像的视觉质量也不是很好。为了改善份额图像的质量，Yang 等[102]对 Lin 等[101]的方案进行了一些改进，从而解决了对秘密图像的损坏的问题。但是，他们的方案降低了份额图像的视觉效果。2010 年，Lin 等[104]提出了一种新颖的秘密图像共享方案，该方案不仅可以无损地重构出秘密图像和伪装图像的秘密图像共享方案，而且得到的份额图像的视觉效果也不错。然而，该方案不得不解决溢出问题。虽然 Lin 等[104]提出了一种解决该问题的方法，但是这种方法增加了秘密隐藏阶段的复杂性。

在以上秘密图像共享方案中，只要参与者的个数达到门限值就可以恢复出秘密图像信息，即每个参与者都是平等的。然而现实生活的许多应用中参与者是不平等的，如在一些高校中，教授的表决权要比副教授的表决权大。基于这种应用，Guo 等[121]提出了一种分层门限秘密图像共享方案。在该方案中，份额图像被分成多个等级，每个等级有指定数目的份额图像以及相应的门限值，当且仅当份额图像数量满足相应层次的门限值要求时才可以无损地恢复出秘密图像信息。与此同时，随着一些学者对具有访问结构的秘密图像共享方案的研究，基于一定访问结构的门限秘密图像共享方案被提了出来。Guo 等[105]结合门限秘密共享方案和具有一定访问结构的秘密图像共享方案提出了一种基于 MSP 的多门限秘密图像共享方案。在该方案中，一次可以隐藏多个秘密图像，并且每个秘密图像对应一个特定的访问结构。每个经过特定的访问结构认证的份额图像的集合可以恢复出相应的秘密图像。此外，一些新颖的方法也开始应用于秘密图像共享方案，如 Wang 等[108]提出了一种基于数独的新颖的秘密图像共享方案。在该方案中，隐藏一个秘密图像需要 n 个伪装图像，进而产生 n 个份额图像，参与者只能通过这 n 个份额图像重构出秘密图像。

与此同时，随着秘密共享的发展，人们意识到上述的秘密共享方案不能完全适用于生命周期较长的秘密。因为如果秘密的生命周期足够长，攻击者可以有充足的时间攻破 k 个参与者的秘密份额，进而得到秘密。为了更加有效地保护秘密，主动秘密共享概念被 Ostrovsky 等[74]提了出来。在主动秘密共享方案中，把秘密的生命周期分割成若干个比较短的生命段，如一天、一周等。在生命段开始，每个合法的参与者在不改变秘密的情况下主动更新自己的秘密份额，这样就可以很有效地防止攻击者获得秘密或者子秘密。1995 年，Herzberg 等[75]进一步讨论了主动秘密共享并提出了一种详细的主动秘密共享方案，该方案实现了对生命周期较长的秘密的保护。2002 年，Xu 等[76]在 Herzberg 的基础上提出了另一种主动秘密共享方案。该方案通过一个可信的秘密分发者在初始阶段和更新阶段分发秘密信息，从而减少了信息的传输量，使方案更安全。2005 年，Zhou 等[78]提出了一种应用于异步系统中的主动秘密共享协议（Proactive Secret Share，PPS），他们的研究拓展了主动秘密共享协议的范围。2010 年，Schultz 等[79]又提出了一种新的移动主动秘密共享方案，该方案是通过改变参与者集合实现的。

然而，以上主动秘密共享方案仅仅应用于一般的非图像秘密而不能应用于图像的秘密共享。本章提出了一种可以应用于图像秘密的主动秘密图像共享方案。正如前面所讲的那样，Lin 等[104]的方案可以没有任何损失地重构出秘密图像和伪装图像，所以本章方案中的隐藏方法建立在 Lin 等[104]的方案基础之上。同时，该方案不会出现 Lin 等[104]的方案中出现的溢出问题。

5.2 相关知识介绍

5.2.1 基于多项式的秘密共享方案

如前所述，Shamir 在 1979 年提出了一种基于拉格朗日插值多项式的(k, n)门限值的秘密共享方案。在该方案中，首先随机选取$(k-1)$个小于素数 p 的随机数$a_1, a_2, \cdots, a_{k-1}$，然后构造如下$(k-1)$阶多项式：

$$f(x) = (a_0 + a_1 x + a_2 x^2 + \cdots + a_{k-1} x^{k-1}) \bmod p \tag{5-1}$$

式中　a_0——秘密数据。

这样就完成了多项式的构造过程。

有了多项式后，就可以随机选取 n 个不同的$x_i (i = 1, 2, \cdots, n)$作为每个用户的身份标识，计算$f(x_i)$，从而得到 n 个秘密份额。

最后将得到的 n 个秘密份额$(x_i, f(x_i))(x_i = 1, 2, \cdots, n)$分发给 n 个参与者。

在秘密重构阶段，如果有 k 个或多于 k 个参与者，就可以通过合作重构出这$(k-1)$阶多项式$f(x)$，然后通过计算$f(0)$就可以得到秘密数据a_0。任何少于 k 个的参与者都无法重构出该$(k-1)$阶多项式$f(x)$，因此也无法得到秘密数据。

至此，完成了对 Shamir 多项式的秘密共享方案的介绍。如前面所讲的，现在的很多(k, n)门限的秘密图像共享方案也是基于这个多项式而提出的。下面介绍的 Lin 和 Chen 的秘密图像共享方案就使用了插值多项式的思想。

5.2.2 基于 Shamir(t,n)门限的图像秘密共享

2004 年，基于 Shamir 提出的(t, n)门限方案，Lin 和 Tsai 提出了一种具有隐写和认证功能的图像秘密共享方案。在该方案中，一份秘密图像首先被处理成 n 个份额，分别隐藏到 n 个用户自己选择的伪装图像中。已经嵌入了秘密图像信息的伪装图像称为隐写图像（Stego Image），参与者从秘密分发者那里得到的就是隐写图像。为了更加不引起注意，

增加该方案的安全性，作者建议选择一些著名人物或风景图片作为伪装图像。此外，通过运用奇偶位检查机制，在伪装图像中嵌入脆弱的数字水印信号。这样，通过检查水印的完整性，可以判断隐写图像是否失真，从而达到认证的目的。在秘密图像的恢复过程中，每一个参与者首先检查图像像素的奇偶条件的一致性，从而判断自己手中的隐写图像是否失真。这一认证过程可以防止某些参与者有意或无意地提供了错误或者失真的隐写图像。如果一些参与者提供的隐写图像存在问题，秘密图像就无法恢复，更有甚者可能恢复出伪造的图像。因此，一旦发现非法的隐写图像，恢复过程马上终止。另外，如果隐写图像通过了认证机制，就需要使用 Shamir (t,n) 门限的方法对秘密图像进行恢复。

本章还针对尺寸很大的图像，以及为了加强该方案的安全性，采取了一些有效的技术。例如，在秘密共享过程中，以像素为单位对秘密图像进行处理，使用伪装图像的一部分作为共享组件，采用素数模运算，截断尺寸比较大的图像的像素值，奇偶检查策略的随机化，等等。因此，该方案作为一个整体，提供了一套既安全又有效的图像秘密共享机制，为后面人们对图像秘密共享的研究提供了很好的借鉴。

5.2.3 基于隐写术的秘密图像共享方案

Lin 和 Chen 提出了一种基于隐写术的秘密图像共享方案，该方案不仅在保证份额图像 PSNR 值较高的前提下实现了较大的藏量要求，并且可以无损地重构出秘密图像和伪装图像，这种可逆性使得该方案可以应用在需要恢复宿主图像的领域。

假设秘密图像为 S，伪装图像为 O，秘密图像和伪装图像都是灰阶图，方案中使用的素数为 m。在构造多项式之前必须先对秘密图像进行相应的处理，使其转化为一系列 m 进制的数据。首先一个可信任的秘密分发者将秘密图像的多个像素值转化为一系列的 m 进制数，然后需要对这些 m 进制数进行处理。下面对秘密图像共享方案的过程进行详细介绍。

1. 获取秘密份额阶段

假设经过前面进制转换后的秘密图像 S 的一组 m 进制数为 $s_1, s_2, \cdots, s_{t-1}$，$p$ 是伪装图像 O 的相对应的一个像素值。按照如下方程式计算 d 和 $F(x)$：

$$d = p \bmod m$$

$$F(x) = (s_1 + s_2 x^1 + s_3 x^2 + \cdots + s_{t-1} x^{t-2} + dx^{t-1}) \bmod m \tag{5-2}$$

秘密分发者会选取 n 个不同的整数 $k_1, k_2, \cdots, k_n$，并利用 $k_1, k_2, \cdots, k_n$ 计算得到 y 值，如下：

$$y_1 = F(k_1), y_2 = F(k_2), \cdots, y_n = F(k_n)$$

2. 隐藏阶段

为了完成隐写术的目的，许多秘密图像隐藏方案使用了比特位代替法。但是，这样会导致伪装图像受到损坏，进而在秘密恢复阶段无法重构出原来的伪装图像。为了实现可逆性，即重构出伪装图像，该方案使用如下量化方法：

$$Q = \left\lfloor \frac{p}{m} \right\rfloor m \tag{5-3}$$

$$p_i = Q + y_i \tag{5-4}$$

式中　　Q——p 量化后的值；

　　　　p_i——第 i 个参与者获得的份额图像中的一个相应的像素值。

3. 秘密获取阶段

如果拥有 t 个或者多于 t 个份额图像以及相应的密钥，则可以利用拉格朗日多项式插入法计算出多项式 $F(x)=(s_1+s_2x^1+s_3x^2+\cdots+s_{t-1}x^{t-2}+dx^{t-1})\bmod m$，进而得到 $s_1,s_2,\cdots,s_{t-1}$ 和 d。通过对 $s_1,s_2,\cdots,s_{t-1}$ 进行进制转换，就可以得到秘密图像的相应像素值。为了得到伪装图像中的像素值 p，可利用下式进行计算：

$$Q=\lfloor p_i/m\rfloor m \tag{5-5}$$

$$p=Q+d \tag{5-6}$$

通过重复如上过程，合法的 t 个或多于 t 个参与者就可以无损地重构出秘密图像 S 和伪装图像 O。至此，完成了对该方案的介绍。如前所述，该方案实现了可逆转的秘密图像共享，并且理论分析得到的该方案的藏量是可以接受的。

5.2.4　基于离散对数难解的主动秘密共享方案

Xu 等基于离散对数难解问题提出了一种可定期更新的防欺诈的秘密共享方案，满足了主动性以及组内防欺诈性这两个要求，本节将对该方法做简要讲解。

假设 p 是一个素数，并且 p 满足 $p=rq+1$，r 是整数，q 是素数，g 是 Z_q 中阶为 q 的元素。那么该方案会按照初始化阶段、更新阶段、秘密恢复阶段进行工作。下面即按照这 3 个阶段进行讲解。

1. 初始化阶段

秘密分发者在开始时刻，即时刻 0，从 Z_q 中选择一个 $(k-1)$ 阶的多项式，如下：

$$f^{(0)}(x)=a_0+a_1^{(0)}x+\cdots+a_{k-1}^{(0)}x^{k-1} \tag{5-7}$$

分发者计算 $g^{a_0},g^{a_1^{(0)}},\cdots,g^{a_{k-1}^{(0)}}$ 并将其进行公示，同时为每个参与者计算 $x_i^{(0)}=f^{(0)}(i)$ $(i=1,2,\cdots,n)$，其中 i 相当于用户的身份标识，并将其分别传送给 n 个参与者。参与者收到秘密份额后，需要做的工作是验证 $g^{x_i^{(0)}}$ 和 $(g^{a_0^{(0)}})(g^{a_1^{(0)}})i(g^{a_2^{(0)}})i^2\cdots(g^{a_{k-1}^{(0)}})i^{k-1}(\bmod p)$ 是否相等。若两式相等，那么证明收到的秘密份额是真实的；否则认为 $x_i^{(0)}$ 不是正确的秘密份额，需要对其进行舍弃。

2. 更新阶段

如前所示，主动秘密共享主要是通过更新阶段来实现方案的主动性，进而实现对生命周期较长的秘密信息的保护，因此可以认为该阶段是主动秘密共享方案中重要的阶段之一。更新阶段可以在任何时候进行，也可以在一个规定的生命周期结束后对其进行。假设在时刻 t 进行更新 $(t=1,2,\cdots)$，那么更新阶段秘密份额分发者需要做如下两步工作。

1) 随机选取 Z_q 中 $(k-1)$ 个随机数 $\delta_1^{(t)},\delta_2^{(t)},\cdots,\delta_{k-1}^{(t)}$，利用这 $(k-1)$ 个随机数构造如下多项式 $\delta^{(t)}(x)=\delta_1^{(t)}x+\delta_2^{(t)}x^2+\cdots+\delta_{k-1}^{(t)}x^{k-1}$，计算 $\lambda_i^{(t)}=g^{\delta_i^{(t)}}(\bmod p)(i=1,2,\cdots,k-1)$，并对这 $(k-1)$ 个数进行公示。

2）计算 $u_i^{(t)} = \delta^{(t)}(i)$，并利用参与者 i 的公钥对其进行加密，得到 $e_i^{(t)}$。同时，计算 $y_i^{(t-1)} = g^{x_i^{(t-1)}}$ $(i=1,2,\cdots,n)$，并对得到的 $y_i^{(t-1)}$ 和 $e_i^{(t)}$ 进行公示。

在秘密分发者完成以上工作，并对相应结果进行公示后，参与者也会进行下述工作，以完成秘密更新阶段的工作。

1）参与者利用自己的私钥和相应的公开的 $e_i^{(t)}$ 解密得到自己对应的 $u_i^{(t)}$，并验证 $g^{u_i^{(t)}}$ 和 $(\lambda_1^{(t)}) i (\lambda_1^{(t)}) i^2 \cdots (\lambda_1^{(t)}) i^{k-1} (\bmod p)$ 是否相等，如果相等则证明 $u_i^{(t)}$ 是正确的，否则抛弃该 $u_i^{(t)}$。

2）每个参与者计算 $x_i^{(t)} = x_i^{(t-1)} + u_i^{(t)}$，并且规定参与者得到 $x_i^{(t)}$ 后必须销毁 $x_i^{(t-1)}$，这也就完成了秘密份额的更新。

同时，使用以上步骤进行分析可以得到，参与者中的任何人都可以通过验证 $g^{x_i^{(t)}}$ 是否和 $((\lambda_1^{(t)}) i (\lambda_1^{(t)}) i^2 \cdots (\lambda_1^{(t)}) i^{k-1})(\bmod p)$ 相等，来验证该成员提供的 $x_i^{(t)}$ 是否是真实的秘密份额，这样就实现了防止组内欺诈的特性。

3．秘密恢复阶段

由于该方案同样是 (k, n) 门限的秘密共享方案，因此假如有 k 个或者多于 k 个参与者合作，就可以通过拉格朗日插值法构造拉格朗日多项式，从而恢复出秘密信息。

5.2.5 PSNR

图像进行处理或恢复后，可以用图像质量来评价图像处理算法的好坏和数据处理工具的效率。PSNR 可以作为图像质量的评价指标。

PSNR 是一种评价图像的客观标准。通常原始图像在经过图像处理之后，输出的图像都会在某种程度上与原始图像不同。为了衡量经过处理后的图像品质，通常会参考 PSNR 值来衡量某个处理算法能否令人满意。

假设要比较图像分别为参考图像 f 和测量图像 g，每个像素点用 8 位表示，尺寸为 $M \times N$，则 f 与 g 之间的 PSNR 计算公式如下：

$$\text{PSNR}(f,g) = 10\log_{10}\left(\frac{255^2}{\text{MSE}(f,g)}\right) \tag{5-8}$$

$$\text{MSE}(f,g) = \frac{1}{MN}\sum_{i=1}^{M}\sum_{j=1}^{N}(f_{ij} - g_{ij})^2 \tag{5-9}$$

式中　i, j——像素点在平面直角坐标系中的位置；

f_{ij}——原始载体图像的像素灰度值；

g_{ij}——待测量图像的像素灰度值；

MSE——参考图像 f 和测量图像 g 的均方误差（Mean Square Error，MSE）。

当 MSE 接近零时，PSNR 值接近无穷大，这表明更高的 PSNR 值可提供更高的图像质量。PSNR 可以反映出待测量图像和原始图像对应像素点之间的均方误差值情况，该值越大，说明测量图像和原始图像之间的差别越小，即不可见性越好。MSE 通过计算原始图像和测量图像像素差值的均方值，根据图像均方值的大小来判定失真图像的失真程度，值越小说明原始图像与测量图像越相似,失真越小。

PSNR 是最普遍和使用最为广泛的一种图像客观评价指标,然而它是基于对应像素点间的误差,即基于误差敏感的图像质量评价。由于其并未考虑到人眼的视觉特性(人眼对空间频率较低的对比差异敏感度较高、人眼对亮度对比差异的敏感度较色度高、人眼对一个区域的感知结果会受到其周围邻近区域的影响等),因此经常出现评价结果与人的主观感觉不一致的情况。

秘密分发者通常会将得到的秘密份额通过网络传送给参与者。而当通过网络传送这些份额图像时,如果图像相比于伪装图像相差很大,就会引起攻击者的注意,进而增加秘密图像的不安全性。所以,份额图像的质量也是秘密图像共享方案中必须考虑的一个参考指标。为了定量地表示份额图像的质量,这里使用 PSNR 来衡量图像质量的好坏。PSNR 的具体定义如前所述。

对于大小为 $M \times N$ 像素的图像,MSE 的定义针对秘密图像共享方案中评估份额图像质量稍作修改,如下:

$$\text{MSE} = \frac{1}{M \times N} \sum_{j=1}^{M \times N} (p_j - p_j')^2 \quad (5\text{-}10)$$

式中 p_j——原图像像素值;

p_j'——份额图像相应像素值。

有了以上定义,下面就可以使用该参数定量地表示份额图像的质量。实验证明了当份额图像的质量高于 35PSNR 时,肉眼无法分辨出份额图像和伪装图像,PSNR 越大,份额图像和伪装图像之间的差别也就越小,份额图像的质量越好。

5.3 可逆的主动秘密图像共享方案设计

在原有秘密图像共享方案及主动秘密共享方案的基础上,本节提出了一种可逆的主动秘密图像共享方案。该方案将秘密图像嵌入宿主图像中,并生成若干份额图像。在该方案中,为了提高秘密图像的安全性,在保证被共享的秘密图像不变的情况下,份额图像能够按照一定的时间周期进行更新。这样即使有攻击者攻击了若干份额图像,那么也要求攻击者必须能够在同一时间周期内攻击门限值以上个份额图像,这样才能获得秘密图像,从而从整体上提高方案的安全性。该方案由共享阶段、隐藏阶段、更新阶段、秘密图像获取阶段这 4 个阶段组成。

5.3.1 共享阶段

在方案开始,要对秘密图像进行处理,即选取一个合适的素数 m,将秘密图像的像素值转化为一系列 m 进制的数。

为了讨论方便,我们假设共享的秘密图像中的 $(t-2)$ 个数字为 $s_1, s_2, \cdots, s_{t-2}$。伪装图像 O 是一个大小为 $N \times M$ 的灰阶图,g_i、g_{i+1} 是伪装图像的两个连续的像素值。首先,秘密分发者可以利用散列函数得到一个值 d_0,d_0 是一个 $0 \sim (m-1)$ 的整数,r 是随机选取的一个整数：

$$d_0 = \text{hash}(r) \quad (r = 0, 1, 2, 3 \cdots) \tag{5-11}$$

接着，计算一个代表 m 的二进制位数的值 b：

$$b = [\log_2 m] \tag{5-12}$$

得到 b 后，计算 a_1 和 a_2，并用二进制表示，如下：

$$a_1 = g_i \bmod 2^b$$
$$a_2 = g_{i+1} \bmod 2^b \tag{5-13}$$

现在计算 d，如下：

$$d = a_1 \oplus a_2 \tag{5-14}$$

在得到多项式 $F(x)$ 之前，必须将 d 转化为 m 进制的数。然后，就可以得到多项式 $F(x)$，如下：

$$F(x) = (d_0 + s_1 x^1 + s_2 x^2 + \cdots + s_{t-2} x^{t-2} + d x^{t-1}) \bmod m \tag{5-15}$$

最后，秘密分发者会选取 n 个不同的整数 $k_1, k_2, \cdots, k_n$，并利用 $k_1, k_2, \cdots, k_n$ 计算得到相应的 y 值，如下

$$y_1 = F(k_1), y_2 = F(k_2), \cdots, y_n = F(k_n) \tag{5-16}$$

5.3.2 隐藏阶段

为了在秘密图像重构阶段无损失地得到伪装图像，该方案中的隐藏阶段利用了 Lin 和 Chen 方案中的相应阶段使用的技术，并使用伪装图像中的两个连续的像素值来隐藏 $(t-2)$ 个秘密值，很显然该方案中的藏量相比于 Lin 和 Chen 的方案减小了。为了将秘密图像藏到伪装图像中，必须得到量化后的 g_i，如下：

$$G = \lfloor g_i / 2^b \rfloor 2^b \tag{5-17}$$

$$g_i' = G + y_j \tag{5-18}$$

式中　　G ——量化后的 g_i；

g_i' ——身份标识为 k_j 的参与者获得的份额图像中的一个相应的像素值。

图 5-1 展示了共享阶段和隐藏阶段的流程。

5.3.3 更新阶段

本方案是一个主动秘密图像共享方案，所以本阶段是该方案中最重要的一个阶段。在共享阶段，为了构成多项式 $F(x)$，秘密分发者用了一个随机数 d_0，并且如分析所知，d_0 的作用是更新参与者手中的秘密份额。在每个更新周期的开始，秘密分发者都会发给参与者一个新的随机数用于更新份额图像。在这里，考虑第 z 个周期的更新过程，秘密分发者在第 z 个周期选取的随机数是 d_0^z，得到新的随机数后，参与者就可以根据下面的过程更新手中的份额图像：

$$y_j^{z-1} = g_i'^{z-1} \bmod 2^b \tag{5-19}$$

$$y_j^z = (y_j^{z-1} + d_0^z) \bmod m \tag{5-20}$$

第 5 章 可逆的主动秘密图像共享方案

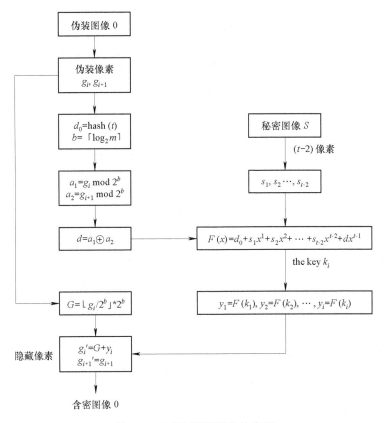

图 5-1 共享和隐藏阶段的流程

$$g_i'^z = \lfloor g_i'^{z-1} / 2^b \rfloor 2^b + y_j^z \tag{5-21}$$

式中 $g_i'^{z-1}$ ——第 $(z-1)$ 次更新后的份额图像的像素值；

$g_i'^z$ ——本次更新后得到的份额图像的像素值。

这里要求每一个合法参与者必须在每一个时间段开始时对所持有的份额图像进行更新，并且在更新过后将得到的随机数和前一个周期的份额图像销毁。

5.3.4 秘密图像获取阶段

因为该方案是一个 (t,n) 门限秘密图像共享方案，所以给出任意 t 个份额图像和相应的 k 后，就可以无损地重构出秘密图像 S 和伪装图像 O。通过解出多项式 $F(x)$，可得到秘密图像的像素值 $s_1, s_2, \cdots, s_{t-2}$ 和份额图像像素值 g_i、g_{i+1}。假设 g_i'' 和 g_{i+1}'' 是任意一个参与者份额图像中的一组像素点的值，则可以通过下式计算 a_2^i 和 y_i：

$$a_2^i = g_{i+1}'' \bmod 2^b \tag{5-22}$$

$$y_i = g_i'' \bmod 2^b \tag{5-23}$$

有了 t 对 (k_i, y_i)，就可以通过拉格朗日插值多项式计算得到 $s_1, s_2, \cdots, s_{t-2}$ 和 d，并用二进制表示 a_2^i 和 d。根据式（5-22）和式（5-23），即可计算 d' 和 G，如下：

$$d' = d \oplus a_2^i \tag{5-24}$$

$$G = \left\lfloor g_i''/2^b \right\rfloor 2^b \tag{5-25}$$

把 d' 转化为十进制，最后可以得到伪装图像中的改变的那个像素点 g_i 的值，如下：

$$g_i = G + d' \tag{5-26}$$

通过以上几步，即可恢复出伪装图像的两个像素值 g_i、g_{i+1}。

5.4 实验和分析

本节将通过实验模拟上述方案的过程，并且对实验结果进行相应的分析。

5.4.1 模拟结果

在实验中使用的秘密图像为一张 512×512 像素的灰阶图像，如图 5-2 所示；作为伪装图像的测试图像为 15 张大小为 512×512 像素的灰阶图像，如图 5-3 所示。

图 5-2 秘密图像

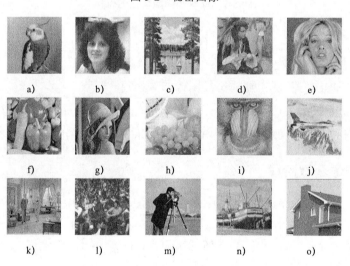

图 5-3 测试图像

在下面的实验过程中，将使用 $n=5, t=4, m=7$。分别对 15 张测试图像进行实验，得到份额图像的 PSNR，如表 5-1 所示。

以测试图像 g）作为伪装图像，经过共享阶段和秘密隐藏阶段后，得到 5 个参与者的份额图像，如图 5-4 所示。从图 5-4 中也可以看到每个图像的 PSNR 都大于 40dB，说明图像的质量是可以接受的。

表 5-1 份额图像的 PSNR 单位：dB

测试图像	份额图像 1	份额图像 2	份额图像 3	份额图像 4	份额图像 5
a)	39.400	39.421	39.393	39.405	39.422
b)	40.715	40.733	40.714	40.733	40.731
c)	41.411	41.421	41.411	41.416	41.413
d)	41.415	41.446	41.447	41.433	41.425
e)	41.383	41.404	41.363	41.385	41.357
f)	41.495	41.502	41.487	41.484	41.490
g)	41.365	41.381	41.382	41.376	41.376
h)	40.915	40.920	40.903	40.930	40.911
i)	40.266	40.295	40.238	40.290	40.292
j)	40.755	40.753	40.759	40.772	40.761
k)	40.078	40.105	40.043	40.105	40.103
l)	40.831	40.953	40.823	40.840	40.840
m)	39.629	39.649	39.597	39.642	39.664
n)	41.359	41.353	41.350	41.345	41.342
o)	41.094	41.101	41.067	41.059	41.086

a) 份额图像 1　　b) 份额图像 2　　c) 份额图像 3　　d) 份额图像 4　　e) 份额图像 5
(PSNR=41.365dB) (PSNR=41.381dB) (PSNR=41.382dB) (PSNR=41.376dB) (PSNR=41.376dB)

图 5-4 份额图像

如果秘密图像的参与者的个数达到本方案的门限值，那么可以通过秘密图像获取阶段的步骤重构出秘密图像和伪装图像。图 5-5 展示了实验中重构出的秘密图像和伪装图像。

a) 秘密图像　　b) 伪装图像

图 5-5 重构图像

接下来将模拟本方案中的更新阶段，同样用 $n=5, t=4, m=7$ 来进行接下来的实验。观察图 5-4 中份额图像 1 的 PSNR 变化情况，并将其绘制为变化的曲线，如图 5-6 所示。图 5-6 中的横坐标代表更新的次数，纵坐标代表更新后的份额图像的 PSNR 值，可以看到该图像的 PSNR 仅仅进行了细微的变化，并且全部大于 40dB。

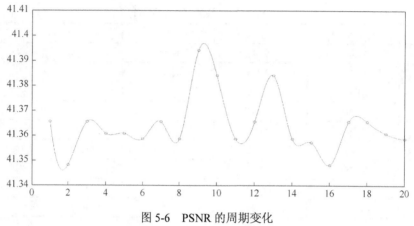

图 5-6　PSNR 的周期变化

当然，在更新以后同样可以通过秘密图像获取阶段对秘密图像进行重构。图 5-7 展示了经过更新阶段后重构得到的秘密图像。

a) 秘密图像　　　　　b) 伪装图像

图 5-7　经过更新阶段后重构得到的秘密图像

5.4.2　讨论

如前所述，由于该方案是一个主动秘密图像共享方案，因此该方案必须能够在不损坏秘密图像的情况下对各个参与者的秘密份额进行更新。在现实中，秘密分发者可以要求所有合法参与者在任何时候对他们手中的秘密份额进行更新，也可以规定一个固定的时间周期对秘密份额进行更新。但是，在本实验中只是通过连续更新秘密份额来模拟更新阶段。如图 5-7 所示，在更新后，秘密份额的 PSNR 改变得很小且都大于 35，这就意味着人的视力很难辨别出份额图像和伪装图像的区别。如在更新阶段所说的那样，更新原理是改变一个无关的随机值 d_0。从模拟结果中看到该方案是有效的，给定任何 t 个秘密份额，都可以无损地重构出秘密图像和伪装图像，如图 5-6 和图 5-7 所示。

接下来对藏量进行讨论。本方案中使用伪装图像的两个像素值来藏 $(t-2)$ 个秘密图像的值。由于素数 m 也将影响所藏的秘密信息，因此门限值 t 和素数 m 对本方案的藏量构成了影响。假设伪装图像的大小是 $H \times W$ 像素，那么本方案的最大藏量是 $H \times W \times (t-2)/2$ 像素，即 $H \times W \times (t-2)/(2 \times \log_m 255)$ 像素。从上式很容易看出增大 m 可以增大藏量，但是 m 大小也会影响份额图像的质量。如式（5-12）中有效比特位 b，如果 b 增大，份额图像的质量会下降。如果 m 足够大，PSNR 会低于 30，这是不可接受的。所以，如果有两个不同的 m 可以得到相同的 b 值，可以选择较大的 m 作为最佳素数,这就意味着必须在容量和份额图像的质量之间做一个折中。为了证明如上所说,使用 $n=5, t=4, d_0=3$,但是 m 不同,表 5-2 中列出了份额图像 1 的容量和 PSNR。

表 5-2 份额图像 1 的容量和 PSNR

m	有效比特位/bit	容量/pixels	PSNR/dB
3	2	$H \times W \times (t-2)/12$	47.80
5	3	$H \times W \times (t-2)/8$	41.37
7	3	$H \times W \times (t-2)/6$	41.39
11	4	$H \times W \times (t-2)/6$	35.31
13	4	$H \times W \times (t-2)/6$	35.35
17	5	$H \times W \times (t-2)/4$	29.01
19	5	$H \times W \times (t-2)/4$	29.25
21	5	$H \times W \times (t-2)/4$	29.46

从表 5-2 中可以看出,当 $m=5$ 和 $m=7$ 时,PSNR 值几乎相同,但是当 $m=7$ 时容量较大,所以选择 $m=7$ 作为最佳素数。从表 5-2 中还可以看出,当 $m \geq 17$ 时,PSNR 会小于 30,这是不可以接受的。所以 m 的值不能太大,显然 m 不能超过 17。

同样把本方案与 Lin 和 Chen 的方案进行对比,如前所述,Lin 和 Chen 的方案中存在溢出问题,该问题的本质原因是无法确定 d 的二进制比特数是否大于或等于 y_i 的二进制比特数。然而本章方案中,d 的二进制比特数一定大于或等于 y_i 的二进制比特数,所以本方案不存在溢出问题。同时,由分析可知,为了能够更新秘密份额,该方案的藏量也相比 Lin 和 Chen 方案中的藏量减少了。如表 5-3 所示,将本方案的最大藏量和其他方案进行对比,可知这些方案的份额图像都是有意义的,这样可以减弱攻击者的注意力。

表 5-3 不同方案的比较

条件	Lin 等 (2009 年)	Lin 和 Chen (2010 年)	Guo 等 (2012 年)	本章方案
有意义的份额图像	是	是	是	是
主动秘密图像共享	否	否	否	是
无损的秘密图像	是	是	是	是
无损的载体图像	是	是	否	是
最大藏量/pixels	$\dfrac{(t-3) \times M \times N}{3}$	$\dfrac{(t-1) \times M \times N}{\lceil \log_\sigma 255 \rceil}$	$\left\lfloor \dfrac{M \times N}{\max\{r_i\}} \right\rfloor \times t_m$	$\dfrac{M \times N}{5} \times m$	$H \times W \times (t-2)/(2 \times \log_m 255)$

由表 5-3 中的数据得知,Guo 等的方案可以无损地重构出秘密图像,但不能无损地重构出载体图像。而 Lin 以及 Lin 和 Chen 的方案都可以同时无损地重构出秘密图像和载体图像,这也是本章方案的优势之一。除此之外,关于是否实现了主动秘密图像共享这一

衡量标准，只有本章方案可以实现，该性质可以使本方案实现对生命周期较长的秘密图像信息的更加安全的保护。

本章小结

事实上，传统的秘密图像共享方案就是一种通过将秘密分发在不同地点的一种秘密保护措施。但是，对于生命周期较长的秘密，必须通过额外的措施对其进行保护。本章方案就是一种提供了额外措施的主动秘密图像共享方案，同时也是一种可逆的秘密图像共享方案，当有 t 个秘密份额时，可以无损地得到秘密图像 S 和伪装图像 O。实验结果也表明了可以在不改变秘密的情况下更新参与者的份额图像，并且无损地得到秘密图像和伪装图像。这就意味着本章方案成功地实现了主动秘密图像共享和可逆的图像秘密共享。

第6章 一种包含新的溢出解决方法的可逆水印方案

6.1 引言

数字水印技术是用于解决多媒体资源的版权问题和内容认证问题的重要工具,可逆数字水印由于其无损特性而成为一个重要研究方向。可逆数字水印技术不仅能将信息隐藏于载体中,也可以经逆过程提取水印,完全恢复原始载体图像,适合于应用在对载体图像的完整性要求较高的场景,如医学、军事、司法认证等。目前有代表性的可逆水印算法主要有基于差值扩展(Difference Expansion,DE)和基于直方图平移。

可逆数字水印技术最早的雏形可追溯到 1994 年 Barton[122]申请的一项专利。在这项专利中,将要被覆盖的比特信息被压缩,之后连同数字签名比特流(隐秘信息)一起通过加密、编码嵌入数据块中。在解码端,合法用户通过译码可恢复出原始数据块,同时提取数字签名作为数据完整性验证的依据。随后,Honsinger 等[123]从隐秘图像中重建了负载信息,并将隐秘图像减去负载信息,从而无损地恢复出了原始图像。该专利提出了第一种利用图像空间域进行可逆信息隐藏(Reversible Information Hiding)的方法,用于图像版权认证。自此之后,可逆数字水印技术由于其新颖的技术思路和广阔的应用前景,引起了不少研究者的注意,大量的新方法被提了出来。从公开发表的文献来看,已有算法主要分为以下几类[124]。

1. 基于无损压缩的可逆水印嵌入方法

早期的可逆信息隐藏技术以基于无损压缩(Lossless Compression,LC)的方法为主。研究者们着眼于通过对某些图像特征进行无损压缩,将原始图像的冗余空间作为可逆水印信息的嵌入空间。算法的最终表现取决于所使用的无损压缩算法和所选择的图像特征。这类算法共同的优点是计算简单,容易实现;但其缺点是嵌入容量受到压缩效率的制约,当压缩效率较低时,嵌入容量很小。其信息嵌入的容量上限 $EC_{max} = D - D_c$,其中 D 和 D_c 分别表示图像无损压缩前、后的数据量。Fridrich 等提出了若干个对比特面(Bitplane)[125]和向量状态(Vector State)[126]进行压缩的可逆信息隐藏算法。Kalker 等[127]分析了基于无损压缩的可逆信息隐藏的理论容量限制以及隐秘信息嵌入容量和隐秘图像退化程度之间的关系。Celik 等[128-129]提出的 G-LSB(Generalized-LSB)策略通过对图像像素最低有效位进行无损压缩,实现了隐秘信息的可逆隐藏。

基于无损压缩的可逆信息隐藏方法往往只能提供很少的信息隐藏容量,同时对原始图像有较大幅度的改变。例如,Celik 等[128]提出的基于无损压缩的可逆信息隐藏算法对于普通测试图像在嵌入率为 0.35bpp 左右时,对应隐秘图像 PSNR 值即已普遍降至 36dB 左右。由于这些限制,早期的基于无损压缩的可逆信息隐藏方法主要应用于图像完整性鉴定和版权认证,无法通过载体图像携带大容量信息进行传递。

2. 基于整数变换的可逆水印嵌入方法

除了通过无损压缩得到冗余空间外，整数变换（Integer Transform，IT）也可用于设计可逆水印嵌入算法。Tian 等提出的基于整数变换的可逆信息隐藏方法也可看作一种基于差值扩展的可逆信息隐藏方法。其意义在于可以通过对整数哈尔小波变换的高频分量进行两倍扩展，在 LSB 位嵌入隐秘信息。该算法的简单有效性引起了广大学者的关注，出现了很多基于差值扩展的新算法。Wang 等[130]将差值扩展算法进行推广，不再采用像素对，而是采用任意尺寸的像素块来完成水印嵌入。Chen 等[131]和 Hong 等[132]也采用像素块完成水印的嵌入工作，但是像素块的大小是自适应的，依据纹理信息自动调整。然而，这些基于差值扩展的算法的嵌入容量都低于 1.0bpp。为了提高水印嵌入容量，Arsalan 等[133]基于差值扩展算法，在小波域通过扩展函数提高了水印的嵌入容量，其嵌入容量达到了 1.0bpp。

3. 基于误差预测的可逆水印嵌入方法

随着研究的进一步深入，人们发现预测误差（Prediction-Error）相比于差值，其陡峭的直方图分布更适合于扩展：可以在减少像素搬移的同时提高嵌入水印信息的容量。2007 年，Thodi 等提出第一种基于预测误差扩展（Prediction-Error Expansion，PE）的可逆信息隐藏算法。基于误差预测的可逆水印算法通过相关机制利用周围像素对目标像素进行预测，比较预测值与原始值之间的误差，平移误差嵌入水印。常用的预测器有水平预测器、垂直预测器、Causal SVF 和 Causal WA 预测器等。Hong 等[134]改进了中值边缘检测（Media Edge Detection，MED）预测算法，提出了一种新颖的修改误差预测（Modified Prediction Error，MPE）算法，该算法在一定程度上提高了数据的嵌入容量。然而，该算法的嵌入容量受限于图像内容，只能在预测误差为 -1 和 0 的像素中嵌入水印信息。Weng 等[135]提出了一种预测误差调整（Prediction Error Adjustment，PEA）算法，该算法有效地结合了差值扩展和预测误差，提高了嵌入水印后图像的质量。Leung 等[136]基于分块中值保留（Block Median Preservation，BMP）和修改误差预测算法提出了一种自适应可逆水印方案，该方案有效地提高了水印的嵌入容量及嵌入水印后图像的质量。

4. 基于直方图扩展的可逆信息隐藏方法

Ni 等[137]最先提出了基于灰度直方图平移的可逆水印嵌入算法，通过直方图的零点（Zero Point）和峰点（Peak Point）对直方图进行平移来嵌入水印信息。其基本原理如下：隐藏信息时，首先构建原始图像的灰度直方图 $H(x)$，x 代表原始图像中的任意像素，$x \in [0,255]$。寻找峰值 $H(p)$ 和零值 $H(z)$，假设 $z > p$，p 代表图像中出现次数最多的像素值，z 代表图像中出现次数最少的像素值。若 $H(z) > 0$，需记录图像中所有取值为 z 的像素坐标，令 $H(z) = 0$。然后，扫描图像，将区域 $[p+1, z-1]$ 内的直方图向右平移一位，即图像中取值在 $[p+1, z-1]$ 内的像素的值加 1。再次扫描图像，在灰度值为 p 的像素中嵌入数据。如果待嵌入数据为 1，则像素的值变为 $p+1$；如果为 0，则保持不变。最后，得到隐秘图像。提取信息时，按同样的顺序扫描待测图像，若遇到取值为 $p+1$ 的像素，则提取数据 1；若遇到取值为 p 的像素，则提取数据 0。提取信息后，只需将待测图像中取值在 $[p+1, z]$ 内像素的值减 1，即可恢复原始图像。由于其嵌入容量的多少直接取决于载体图像灰度直方图的峰值，因此容量较低。另外，由于不同类型图像的灰度直方图形状可能差别较大,因此算法的性能具有不稳定性。

针对 Ni 等算法的不足,近年来人们又提出各种改进算法,其中比较经典的算法是由 Lin 等[138]提出的。该算法利用差值直方图代替原始直方图,产生了更多的峰点和零点,通过多层嵌入技术嵌入更多的水印信息。2010 年,Li 等[139]通过计算像素与其周围像素之间的差值,然后扩展差值直方图来隐藏水印信息。Zhao 等[140]则采用修改多级直方图的机制来嵌入水印信息。然而,该类算法太过依赖于直方图中峰点和零点的数量,嵌入容量很受限。为了提高嵌入容量和改善图像质量,Wang 等[141]提出了一种新颖的可逆水印嵌入方案,该方案将所有像素分成两类:"围墙像素"及"非围墙像素"。对于"围墙像素",采用内插预测的方法来嵌入水印信息;对于"非围墙像素",计算其与其父像素之间的差值,通过直方图平移的方法来嵌入水印信息。Pei 等[142]则提出了一种自适应直方图平移技术,其嵌入容量可达 1.9bpp。该方案首先依据周围像素估计每个像素的纹理性,然后采用特定的方法计算每个像素的可嵌入水印数量,最后在平滑区域嵌入水印信息。

此外,还出现了一些特殊的可逆图像水印算法,如对 JPEG 压缩具有一定鲁棒性的可逆图像水印算法;基于特定图像格式的可逆图像水印算法,如基于 VQ 压缩的可逆图像水印算法;基于 DCT 域的可逆水印算法和小波域的可逆水印算法等。

溢出一直是可逆水印算法必须要考虑并解决的问题。溢出是指水印嵌入后,图像像素值超过边界值,即对于灰度图像,像素值小于 0 或大于 255。如果溢出问题不解决,就会对图像造成较大损害,且信息丢失,导致无法可逆恢复水印或载体图像。目前被提出的主要溢出解决方法有 module-C 方法、位置映射法和直方图压缩方法。Module-C 方法将像素取模调整,保证了可逆性,但是溢出处于边界的像素值会出现大幅度变化,严重影响图像质量;位置映射法使水印信息不嵌入在会发生溢出的像素中,随后需要将跳过的像素记录下来,但该方法使水印容量过于依赖图像本身的特点,运行效率也不高;直方图压缩方法在嵌入水印前将处于边界附近的像素值向中间调整,并将调整的额外信息记录下来,但是难以提前确定调整的阈值,且操作稍显麻烦。

针对上述问题,本章提出了一种包含新的溢出解决方法的图像可逆数字水印方案。该方案两次嵌入信息,第一次使用基于整数小波系数的直方图平移将水印信息均匀嵌于载体图像,第二次使用本章提出的低失真溢出处理算法调整溢出像素并嵌入调整信息,以解决溢出问题。同时,该方案结合 Logistic 映射、散列函数、Torus 映射、CRC (Cyclic Redundancy Check,循环冗余校验)等多种技术,提高了水印的安全性。

6.2 相关知识介绍

6.2.1 可逆图像水印

常规保护多媒体产品版权的鲁棒水印属于有损水印,在水印信息嵌入的同时,会造成原始载体数据的永久失真,提取水印以后载体图像不能被完全恢复。而对于供医疗诊断的医学图像、供情报决策的军事类图像、供法律判决的证据图像等,若采用有损水印技术嵌入信息,产生的永久失真可能会造成图像使用者对图像内容的误判,使图像失去原有价值。所以,基于此类图像应用需求,可逆水印正受到研究者的广泛关注。

1. 可逆图像水印概念及基本模型

可逆水印是指嵌入媒体产品中的水印可被完全清除，载体数据可完全恢复的一种水印，又称为无损水印（Lossless Watermarking）或可逆信息隐藏，其基本模型如图 6-1 所示。可逆图像水印的存在和诞生是由于原始图像中存在冗余空间，造成这一现象的原因有像素间关联性等。在嵌入端，通过嵌入算法修改原始图像的像素位，隐藏水印信息，得到失真不明显的含水印图像；如果含水印图像在传输过程中没有发生变化，则在提取端从含水印图像中即可正确地提取水印信息，并消除图像失真，进而无损地恢复原始图像。

图 6-1　可逆水印模型

本质上说，可逆数字水印构造了一种可逆的数学变换，产生尽可能大的冗余空间来隐藏信息。通常，冗余空间越大，信息的嵌入容量越大。基于数学变换的可逆性，含水印图像可以无失真地恢复为原始图像。

2. 可逆图像水印的特性与技术要求

可逆图像水印技术不仅可以从嵌入可逆水印的图像中正确地提取水印，而且可以实现原始载体图像的完全恢复，相对于常规的有损水印，其具有以下一些主要特性和技术要求。

（1）可逆性

可逆图像水印可实现原始载体图像的无损恢复，解决因水印嵌入引入的噪声问题，因此在诸如医学图像、军事图像、遥感图像等领域具有重要的应用价值。

（2）可实现多层（次）水印嵌入

由于可逆图像水印技术可以完全恢复原始载体数据，因此一层可逆水印嵌入后的输出图像可以作为另一层载体图像继续嵌入可逆水印。

在多层可逆水印提取时，由于非最末水印层的水印正确提取后，输出对象是下一层的可逆水印图像，这保证了水印提取/图像恢复阶段的过程是水印嵌入过程的严格逆过程。在正确提取最后一层水印后，输出原始宿主图像，并将每一层提取的水印进行合并得到嵌入的水印。而常规有损水印通常只能进行一层水印嵌入，因为若进行二次水印信息嵌入，会破坏水印提取环境的第一层，不能保证水印提取的正确性。

（3）可逆水印嵌入能力受图像类型影响较大

对于具体的宿主图像，其数据冗余度是影响其可逆水印嵌入能力的关键因素。因为在宿主图像中能有效嵌入水印信息的前提条件是宿主图像的像素间存在足够的数据冗余。在相同算法下，数据冗余度越大的宿主图像，其嵌入水印的能力越强；反之，嵌入水印的能力越差。另外，嵌入容量和图像质量之间也必须做好平衡，寻找最佳方案。

（4）溢出处理

对于图像中的像素，其取值范围为[0, 255]。如果嵌入水印过程造成某个像素值越界，就会产生溢出，溢出会导致载体图像中部分像素无法正确恢复。所以，在设计算法时需要找到解决溢出问题的可行方案，这也是研究重点。

（5）辅助信息处理

为了实现可逆，信息嵌入端需要将嵌入过程中使用的参数等信息传递给信息提取端，这些信息统称为辅助信息。在设计算法时，需要尽可能地减少辅助信息的长度，保证信息传递的安全性。

6.2.2 Logistic 映射

混沌来自非线性动力系统，而动力系统描述的又是任意随时间变化的过程，该过程是确定性的、类似随机的、非周期的、具有收敛性的，并且对于初始值有极敏感的依赖性。这些特性正符合序列密码的要求。1989 年，Robert Matthews 在 Logistic 映射的变形基础上给出了用于加密的伪随机数序列生成函数，其后混沌密码学及混沌密码分析等便相继发展起来。一组数值序列经混沌系统处理后会变得混乱而看似毫无规律[143]，但实则是有规律的。Logistic 映射是混沌系统中常用的一个实例[144]，其广泛使用的模型如下：

$$x_{n+1} = \mu x_n(1-x_n) \tag{6-1}$$

式中　　x_n——变量，$x_n \in (0,1)$，$n \in N$；

　　　　μ——标志混沌系统状态的参数，当$3.569945 \leqslant \mu \leqslant 4$时，系统处于混沌状态[145]。

Logistic 映射对于初值和参数敏感性很强，相邻像素点相关性很弱[146]，能有效防止攻击者实行穷举密钥攻击和灰度统计攻击，因此本章使用它对水印图像进行置乱加密。加密前指定 μ 的取值，使系统处于混沌状态，只需秘密生成一个 x_n 的初始值 x_0，$x_0 \in (0,1)$，加密后的图像是高度置乱的。

6.2.3 Torus 自同构映射

Torus 自同构映射（Torus Automorphisms）是一种典型的混沌映射，即一个点映射到另一个不同的点，并且对于每一个点有且仅有一个映射点，其表达式如下：

$$\begin{bmatrix} x_{n+1} \\ y_{n+1} \end{bmatrix} = A \begin{bmatrix} x_n \\ y_n \end{bmatrix} (\mathrm{mod}\, 1) \tag{6-2}$$

式中　　A——一个形如 $\begin{bmatrix} a & b \\ c & d \end{bmatrix}$ 的 2×2 的矩阵，其中 a,b,c,d 为整数，且 $\det A = 1$；

　　　　$\mathrm{mod}\, 1$——只取小数部分，即 $x_i, y_i \in [0,1)$。

Torus 自同构映射能得到映射序列 $A \rightarrow B \rightarrow C \rightarrow \cdots \rightarrow A$，即 A 位置映射到 B 位置，B 位置映射到 C 位置，依此类推，最后一个位置映射到 A 位置。Torus 自同构映射一维变换公式为

$$X' = (k \times X) \bmod N + 1 \tag{6-3}$$

式中　　k——素数，$k \in [0, M-1]$，其中 M 为位置的总数；

X 和 X' ——变化前后的位置序号，$X, X' \in [1, M]$ 且 $\in Z$。

本章使用 Torus 自同构映射确定每次嵌入的区块位置。例如，将载体图像分成 $a \times b$ 的小块，总共 M 块，并将它们从左到右、从上到下依次标上序号，序号范围为 $1 \sim M$，提前生成秘密的素数 k，则第 i 次嵌入水印的块的位置序号 $P(i)$ 为

$$P(i) = ik \bmod M + 1, \quad i \in [1, M] \text{ 且 } \in Z \tag{6-4}$$

通过该映射能得到打乱的水印嵌入位置顺序，提升水印的不可见性，且能避免因为图片某一部分被篡改而造成大片连续水印信息无法恢复的情况发生。

6.2.4 整数小波变换

小波变换（Wavelet Transform）是指在特定子集上对基本小波采取尺度和平移离散化处理，是一种现代谱分析工具，同时兼具时域和频域多分辨率能力的信号分析工具。此变换可以运用缩放平移将图像变换为一系列小波系数，代替固定的窗口进行计算分析，主要应用于信号编码和数据压缩。根据人眼视觉特征，可以将水印嵌入图像纹理、边缘等不易被察觉的位置。

对图像信号而言，通过小波变换，可以对图像进行多分辨率分解，把图像分成不同空间和频率的子图像。如图 6-2 所示，将图像分成 4 个子带：LL（低频子带）、HL（垂直方向中高频子带）、LH（水平方向中高频子带）、HH（高频子带）。LL 子带包含图像绝大多数能量，而 HL、LH 子带包含图像的细节信息。

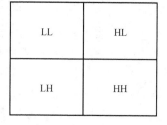

图 6-2　小波变换子带

使用一般的小波变换处理图像信息，变换域系数为浮点数，这样会造成精度丢失的问题，无法实现无损重构原始图像。本章采用整数小波变换（Integer Wavelet Transform，IWT），这种小波变换基于提升方案，不依赖傅里叶变换，通过分裂、预测、更新这 3 个步骤，将原始信号分解为低频信号和高频信号，其变换为由整数域至整数域，能实现完全的无损可逆。除此之外，它还具有容易扩展、复杂度低、计算速度快等优点。

6.2.5 基于整数小波变换的直方图平移

直方图平移是一种常用的可逆水印嵌入方法，在本章引言部分已给出简要介绍，此处不再赘述。本章使用的是基于整数小波直方图平移，并在前人的基础上对嵌入具体步骤和策略有所修改，不需要提前确定小波系数的阈值。嵌入工作以每个 8×8 像素大小的小块（下文称单位块）为单位，只需完成在每个单位块中嵌入特定长度的信息。下面举例说明在一个单位块中嵌入水印的具体操作过程。

图 6-3 所示是大小为 512×512 像素的 Lena 图像中某一单位块经整数小波变换后的小波系数。首先，本章定义 HL、LH 和 HH 子带中除去阴影部分的位置为可嵌入位置 C，若用 $c_{i,j}$ 表示单位块中第 i 行第 j 列的位置，则可嵌入位置定义为

$$C = \{c_{i,j}\}, i \in \{5, 6, 7\} \text{ 或 } j \in \{5, 6, 7\} \tag{6-5}$$

	1	2	3	4	5	6	7	8
1	55	62	71	91	-8	7	-3	47
2	59	75	92	102	0	-6	-4	49
3	74	89	99	110	0	0	4	45
4	104	110	116	133	-6	5	1	61
5	1	4	-2	7	-1	2	-2	-1
6	1	3	-6	-1	4	7	-1	-6
7	-7	-1	-1	-2	-2	1	1	-3
8	47	49	51	59	-3	2	0	27

图 6-3 Lena 图像某 8×8 像素区块（单位块）的小波系数

这些位置的小波系数的绝对值比较小，处于 0 值附近。这一特点并非对于任意图片的任意单位块都适用，但小波系数绝对值较小的位置一般位于该范围之内。本章方案仅统计和修改载体图像每个单位块可嵌入位置的小波系数，这样做一方面避免对绝对值大的小波系数进行修改，进而减少对图像像素值的修改，减少像素溢出；另一方面也减少了被修改的小波系数的数量，提升了算法效率，也有效提升了嵌入的质量。

继续以图 6-3 所示的单位块为例，统计其可嵌入位置 C 的小波系数，得到的直方图如图 6-4 所示。

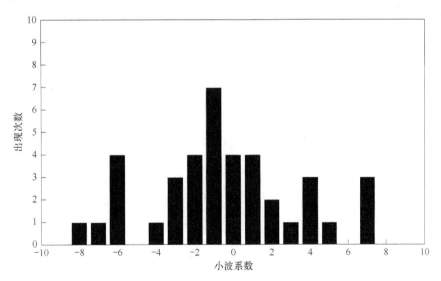

图 6-4 某一区块可嵌入位置的小波系数直方图

由于中高频子带（HL、LH、HH）的小波系数近似高斯分布，均值集中在 0 附近[147]，因此选择小波系数 0 作为嵌入起点，采取正负交替的方式依次嵌入。嵌入时，首先将可

嵌入位置 C 中值大于 0 的小波系数增加 1，相当于直方图中大于 0 的部分向右平移了 1 个单位，单位块中不再存在等于 0 的小波系数，直方图中 0 处产生空缺，如图 6-5 所示。

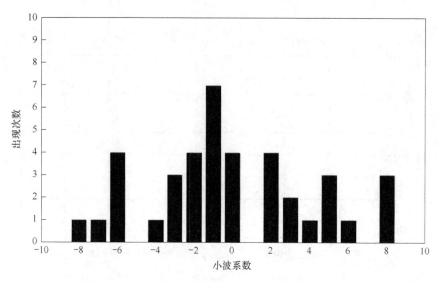

图 6-5　直方图经第 1 次移动后的示意图

随后，在 C 寻找小波系数等于 0 的位置，当要嵌入的信息为 1 时，则将该处小波系数值增加 1；当要嵌入的信息为 0 时，则不做改动。当小波系数值为 0 的位置全部嵌入信息后，若仍有信息待嵌入，则将直方图中小波系数小于 0 的部分左移 1 个单位，并将信息嵌入小波系数为−2（第 2 次移动前为−1）的位置；若嵌入后还有信息待嵌入，则继续将小波系数大于 2 的部分右移 1 个单位，并将信息嵌入小波系数为 2（第 1 次移动前为 1）的位置。如此重复，直到将待嵌入信息嵌入完毕。

6.2.6　低失真可逆水印算法

本章采用了一种低失真可逆水印算法来嵌入溢出信息，该方法在每个 2×2 像素大小的区域嵌入 1bit 信息，简要描述如下。

图 6-6a 为 2×2 像素的小块变换前的像素，设 b 为要嵌入的信息比特（$b=0$ 或 1），则 x 的预测值 $\hat{x}=n+w-nw$，预测误差为 $p=x-\hat{x}$，$p_b=p+b$，变换后如图 6-6b 所示，其像素值为

$$X = x + \left\lfloor \frac{p_b}{4} \right\rfloor$$

$$N = n - \left\lfloor \frac{p_b + 3}{4} \right\rfloor$$

$$W = w - \left\lfloor \frac{p_b + 1}{4} \right\rfloor$$

$$NW = nw + \left\lfloor \frac{p_b + 2}{4} \right\rfloor \tag{6-6}$$

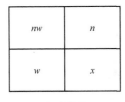 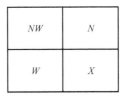

a）变换前　　　　　　　　b）变换后

图 6-6　低失真可逆水印算法变换前后像素

该变换是可逆的，逆过程如下：

$$\hat{X} = N + W - NW = \hat{x} - \left\lfloor \frac{p_b+3}{4} \right\rfloor - \left\lfloor \frac{p_b+1}{4} \right\rfloor - \left\lfloor \frac{p_b+2}{4} \right\rfloor$$

$$P = X - \hat{X} = x - \hat{x} + \left\lfloor \frac{p_b+3}{4} \right\rfloor + \left\lfloor \frac{p_b+1}{4} \right\rfloor + \left\lfloor \frac{p_b+2}{4} \right\rfloor + \left\lfloor \frac{p_b}{4} \right\rfloor = 2p+b \tag{6-7}$$

恢复出信息比特 b 如下：

$$b = (X - \hat{X}) - 2 \times \left\lfloor \frac{X - \hat{X}}{2} \right\rfloor \tag{6-8}$$

恢复原始像素值如下：

$$p = \frac{X - \hat{X} - b}{2}, p_b = p + b$$

$$x = X - \left\lfloor \frac{p_b}{4} \right\rfloor, n = N + \left\lfloor \frac{p_b+3}{4} \right\rfloor$$

$$w = W + \left\lfloor \frac{p_b+1}{4} \right\rfloor, nw = NW - \left\lfloor \frac{p_b+2}{4} \right\rfloor \tag{6-9}$$

6.2.7　循环冗余校验

循环冗余校验（CRC）是数据通信领域中常用的一种校验方法，其信息字段和校验字段的长度可以任意选定。

下面举例说明 CRC 的简单应用方法。假设信息字段是 7 位二进制串 1100111，选定一个固定的生成多项式，如 $G(x) = x^3 + x^2 + 1$，可以转换为二进制数码 1101。首先将信息字段左移，生成多项式的最高幂次减 1 位，即相当于在信息字段尾部添加 3 个 0，变成 1100111000；然后根据二进制除法用其除以生成多项式二进制数 1101；最后获得的 3 位余数 111 即为该信息字段的 CRC 校验码。

验证时，将信息字段与校验码连接成 1100111111，并使用二进制除法除以 1101，若余数为 0，则验证正确，否则说明信息字段或校验字段被篡改。

6.2.8　结构相似性

图像的结构相似性（Structural Similarity Index，SSIM）用于测量两个图像之间相似性的质量，通过评估感知图像质量的结构变化来比较原始图像和处理后图像的不同，被认为与人类视觉系统的质量感知相关。SSIM是一种全参考的图像质量评价指标，不是使用传统的误差求和方法，而是通过将任何图像失真建模为3个因素的组合来设计的，这3个因素是相关性损失、亮度失真和对比度失真。假设要比较图像分别为参考图像 f 和测量图像 g，尺寸为 $M \times N$，则 f 与 g 之间的SSIM的计算公式如下：

$$\begin{cases} l(f,g) = \dfrac{2\mu_f \mu_g + C_1}{\mu_f^2 + \mu_g^2 + C_1} \\ c(f,g) = \dfrac{2\sigma_f \sigma_g + C_2}{\sigma_f^2 + \sigma_g^2 + C_2} \\ s(f,g) = \dfrac{\sigma_{fg} + C_3}{\sigma_f \sigma_g + C_3} \end{cases} \quad (6\text{-}10)$$

$$\text{SSIM}(f,g) = l(f,g)c(f,g)s(f,g)$$

式中　μ_f、μ_g——参考图像 f 和测试图像 g 的均值；

　　　σ_f、σ_g——参考图像 f 和测试图像 g 的标准差；

　　　σ_f^2、σ_g^2——参考图像 f 和测试图像 g 的方差；

　　　σ_{fg}——参考图像 f 和测试图像 g 的协方差。

其计算公式如下：

$$\mu_f = \frac{1}{M \times N} \sum_{i=1}^{M} \sum_{j=1}^{N} f(i,j)$$

$$\sigma_f^2 = \frac{1}{M \times N - 1} \sum_{i=1}^{M} \sum_{j=1}^{N} [f(i,j) - \mu_f]^2 \quad (6\text{-}11)$$

$$\sigma_{fg} = \frac{1}{M \times N - 1} \sum_{i=1}^{M} \sum_{j=1}^{N} \{[f(i,j) - \mu_f][g(i,j) - \mu_g]\}$$

C_1、C_2 和 C_3 为常数，是为了避免上述公式中分母为 0，以维持稳定。通常情况下，取 $C_1 = (K_1 \times L)^2$，$C_2 = (K_2 \times L)^2$，$C_3 = C_2 / 2$，一般而言，$K_1 = 0.01$，$K_2 = 0.03$，$L = 255$。

除此之外，SSIM 是一种衡量两幅图像相似程度的结构相似性指标，在评价图像质量上更能符合人类的视觉特性。SSIM 的原理是自然影像是高度结构化的，领域像素具有较强的关联性，并且 SSIM 分别从亮度、对比度、结构 3 方面度量图像的相似性。当 SSIM 的值越接近于 1 时，说明水印图像与原始图像的相似度越高，即水印的不可见性越好。

6.3　低失真溢出处理算法

针对载体图像在嵌入水印信息后有可能产生溢出的问题，本章设计了一种低失真溢出处理算法。该算法扫描图像中的溢出像素并逐一调整，生成调整记录，并按照一定规则将调整记录和校验信息嵌入载体图像。

6.3.1 溢出处理过程

假设图像为一张 512×512 像素的灰度图像,在使用某种嵌入算法嵌入水印后产生了若干像素溢出,则使用这种溢出处理算法进行溢出处理的过程如图 6-7 所示。

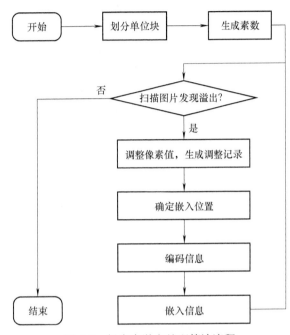

图 6-7 低失真溢出处理算法流程

1. 划分单位块

将图像分成 8×8 像素的单位块,并从 1 开始从左到右、从上到下依次编号,设单位块总数目为 M。

2. 生成素数

使用任意算法生成一个秘密的素数 k,要求 $k < M$。

3. 调整像素值,生成调整记录

从上到下、从左到右扫描图片的每一个像素,一旦发现像素溢出,则停止扫描,将该像素值调整到合法范围,并生成调整记录;若扫描全图后未发现溢出像素,则跳转至步骤 7。

设图像第 x 行第 y 列的像素 $P_t(x,y)$ 为该溢出像素,其中 $x,y \in [1,512]$ 且 $x,y \in Z$,该像素经过调整之后得到的 $P_t'(x,y)$ 为

$$P_t'(x,y) = \begin{cases} 255, & P_t(x,y) > 255 \\ 0, & P_t(x,y) < 0 \end{cases} \tag{6-12}$$

调整值 m 为

$$m = \begin{cases} P_t(x,y) - 255, & P_t(x,y) > 255 \\ P_t(x,y) - 0, & P_t(x,y) < 0 \end{cases} \tag{6-13}$$

则生成的调整记录 Note = (x, y, m)。

4．确定嵌入位置

使用素数 k 和式（6-4）所示的一维 Torus 自同构映射确定两个单位块作为其嵌入位置。对于第 j 条溢出记录，其对应的两个单位块序号分别为 $p_1 = [(2j-1)k_2] \mod 4096 + 1$ 和 $p_2 = 2jk_2 \mod 4096 + 1$，记单位块分别为 $S(p_1)$、$S(p_2)$。

5．编码信息

将调整记录 Note = (x, y, m) 编码成为二值信息，具体方法如下。

设 $x' = x - 1$、$y' = y - 1$，则 $x', y' \in [0, 511]$ 且 $x', y' \in Z$，这样坐标信息 x'、y' 可以用 9bit 来存储。设 x_i、y_i 分别表示 x'、y' 的 9 位二进制数的第 i 位比特，m_i 表示 $|m|$ 的 7 位二进制数的第 i 位比特，符号位 sn 为

$$\text{sn} = \begin{cases} 1 & , m < 0 \\ 0 & , m \geq 0 \end{cases} \quad (6-14)$$

计算由 1、s、$m_1 \sim m_3$、$x_1 \sim x_9$ 依次连接组成的二进制串关于生成多项式 $G(x) = x^3 + x^2 + 1$ 的 CRC 校验码，记为 $cx_1 \sim cx_3$；以及由 1、$m_1 \sim m_4$、$y_1 \sim y_9$ 依次连接组成的二进制串关于 $G(x)$ 的 CRC 校验码，记为 $cy_1 \sim cy_3$。将这些数值组成两个 4×4 像素的辅助信息矩阵，如图 6-8 所示。

cx_1	cx_2	cx_3	S
x_1	x_2	x_3	m_1
x_4	x_5	x_6	m_2
x_7	x_8	x_9	m_3

a) 第1个辅助信息矩阵

cy_1	cy_2	cy_3	m_4
y_1	y_2	y_3	m_5
y_4	y_5	y_6	m_6
y_7	y_8	y_9	m_7

b) 第2个辅助信息矩阵

图 6-8 辅助信息矩阵

需要说明的是，这里引入校验码是为了在恢复时判断该块信息是否正确，从而采取相应策略，以降低错误记录对图像的影响；而之所以在用于生成校验码的信息串前加 1，是为了避免信息串为全 0 或以 0 开头对 CRC 校验码的计算造成的问题。

6．嵌入信息

使用前文所述的低失真可逆水印算法，将图 6-8 所示的两个信息矩阵分别嵌入单位块 $S(p_1)$、$S(p_2)$。这种可逆水印算法在每个 2×2 像素的小块中嵌入 1 bit 信息，即对于每个 8×8 像素的单位块支持嵌入一个信息矩阵的 16 bit 信息。

7．循环处理溢出

循环步骤 3~6，即重新扫描、调整、嵌入，直到不能发现新的溢出像素，返回溢出总数 N_overflow，结束溢出处理过程。

通过上述算法，可以将嵌入水印信息的过程中产生的溢出完整地保存，且同时解决

了该过程中产生新溢出的问题，也保证了水印算法可逆的实现。值得一提的是，本算法支持辅助信息的叠加嵌入，即在使用完所有 4096 个单位块嵌入 2048 条溢出记录后，仍然可以继续将剩余记录嵌入在已嵌入信息的单位块中，其可逆不受影响。

6.3.2 溢出恢复过程

溢出恢复即将经过溢出调整过程处理的溢出像素逆向恢复到原溢出值，该过程如下。

1．输入参数

要求用户输入溢出总数 $N_{overflow}$ 和素数 k。

2．划分单位块

按照同溢出处理过程的方法将图片划分为 8×8 像素的单位块并编号。

3．确定单位块

使用素数 k 和 Torus 自同构映射确定单位块。第一次首先根据溢出总数 $N_{overflow}$ 确定最后一条溢出信息的两个单位块。

4．提取信息

使用低失真可逆水印算法的逆变换从两个单位块中提取辅助信息，根据编码方式重组调整信息 Note = (x, y, m)。由于低失真可逆水印算法的无损可逆特性，这两个单位块的原始像素值也一并恢复。

5．校验和恢复溢出

检验提取的信息的正确性，检验通过，则按照记录恢复溢出像素值；否则，丢弃该记录，放弃恢复该溢出像素。校验过程包含两个检测：①CRC 校验：检测提取出的辅助信息是否能通过 CRC 校验；②边界值校验：检测记录中产生溢出像素的当前值是否是对应的边界值，即当 sn 为 1 时，像素值是否为 0；当 sn 为 0 时，像素值是否为 255。只有当这两个检测均满足时，才能在一定程度上说明提取的信息是正确的，然后根据记录恢复溢出的像素值。

6．循环恢复

循环步骤 3～5，从后往前依次恢复每一条调整记录，直到恢复完 $N_{overflow}$ 条溢出记录，结束该过程。

6.4 可逆水印方案

本章方案采用基于小波系数的直方图平移方法嵌入水印，并在嵌入过后使用前文所述的低失真溢出处理算法解决溢出问题。该方案的载体图像为 512×512 像素的灰度图像，水印信息为 $L×L$ 的灰度图像。

6.4.1 水印嵌入过程

水印嵌入过程如图 6-9 所示，其具体步骤如下。

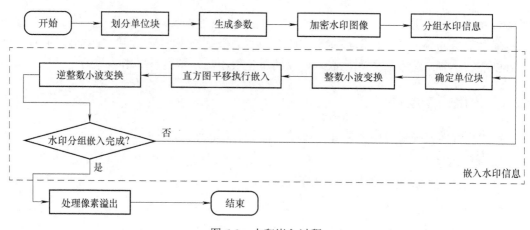

图6-9 水印嵌入过程

1. 划分单位块

按照前文所述方式将载体图像 P 划分为不重叠的 8×8 像素小块（单位块），并依次编号，设单位块总数为 M。

2. 生成参数

生成后续步骤要用的几个秘密参数，包括 Logistic 模型的初值 x_0、两个素数 k_1 和 k_2。其具体方法如下：

1）要求用户输入任意长度的字符串作为加密口令 s。

2）使用 MD5 散列函数生成 s 的 32 位摘要 a，其中字母均为小写。

3）将 a 的每个字符转换成对应的 ASCII 码，生成 ASCII 码向量 a'。

4）计算 $r = \prod_{i}^{i=2k+1} a'_i$，$k \in N$ 且 $\in [1,15]$。

5）计算 $x_0 = r \times 10^{-n}$，其中 n 取使 x_0 处于区间 $[0.1,1)$ 的最小自然数。

6）记 ASCII 向量 a' 的第 4 和 5 位 ASCII 值的乘积为 m_1，取小于 $m_1/24$ 的最大素数，记为 k_1；记 a' 的第 4 和 5 位 ASCII 值的乘积为 m_2，取小于 $m_2/13$ 的最大素数，记为 k_2。

以上仅是本章采用的生成方法，目的是使生成的参数与用户输入的加密口令 s 具有相关性，完全可以采用其他方法生成参数，只需保证 $x_0 \in (0,1)$ 以及 $k_1, k_2 < M$ 即可。

3. 加密水印图像

使用式（6-1）所示的 Logistic 映射对水印图像进行加密，得到加密后的水印图像。Logistic 映射模型的 μ 设为 4，使模型处于混沌状态，初值为上一步中生成的 x_0。当加密口令 s 为 "Dalian, Liaoning, China" 时，对应 $x_0 = 0.308397$。作为例子，64×64 像素的灰度水印图像加密前后如图 6-10 所示，加密后已经完全无法读取原图内容，

a) 加密前的水印图像　　b) 加密后的水印图像

图6-10 水印图像加密

加密效果好。

4．分组水印信息

将水印图像的每个像素值转化为二进制，生成水印序列 I，随后将序列分组，除最后一组外每组包含 t 比特信息，最后一组包含剩余信息：

$$t = \left\lceil \frac{n_w}{4096} \right\rceil \tag{6-15}$$

式中　　n_w——水印信息的总比特数；

　　　　$\lceil \ \rceil$——向上取整。

记水印信息分组为 I，I_i 表示第 i 组水印信息。

5．嵌入水印信息

将水印信息分组 I 嵌入单位块中，即对于每一个分组 I_i：

1）确定单位块：使用式（6-4）所示的 Torus 自同构映射以及素数 k_1 得到一个单位块序号 $p = (k_1 i) \bmod 4096 + 1$，其对应的单位块记为 $S(p)$。

2）整数小波变换：将单位块 $S(p)$ 进行整数小波变换。

3）直方图平移执行嵌入：使用整数小波直方图平移在单位块 $S(p)$ 的可嵌入区域 C 嵌入水印信息分组 I_i。

4）逆整数小波变换：将单位块 $S(p)$ 进行逆整数小波变换。

6．处理像素溢出

使用前文所述的低失真溢出处理算法将载体图像中所有溢出像素调整到合法范围之内，生成最终的含水印的图像 P'。

6.4.2　提取和恢复过程

水印的提取和载体图像的恢复是嵌入的逆过程，其简要步骤如下。

1．划分单位块

按照同样的方法将含水印的图像 P' 划分并编号。

2．生成参数

要求用户输入口令，使用与前文相同的方法生成 Logistic 映射的初值 x_0 和素数 k_1、k_2。

3．恢复溢出

使用低失真溢出处理算法的恢复过程恢复溢出的像素，过程使用的素数取 k_2。

4．提取水印

使用 Torus 自同构映射和素数 k_1 依次确定每个单位块的位置，使用整数小波直方图平移方法恢复水印信息和嵌入位置的原始信息。

5．重组和解密水印

重组水印信息，恢复水印图像，并将 x_0 作为 Logistic 混沌映射初值，解密水印图像，得到水印图像 W'，结束该过程。

6.5 实验和分析

6.5.1 安全性分析

本章方案在嵌入时需要用户提供任意长度的秘密口令，嵌入过程用于加密、确定位置的参数都由口令确定，在恢复时需要用户提供一模一样的口令才能提取水印，恢复原始载体图像。作为例子，将水印图像图 6-10a 嵌入 lena 图，设定口令为 "Dalian, Liaoning, China"，提取时使用错误的口令 "Dalian, Liaoning, China."，恢复的水印如图 6-11 所示。

可以看到，使用错误口令恢复，即使口令与正确口令相差甚微，提取出的水印也是完全混乱的。

事实上，本章运用了多种技术提升水印方案的安全性。

图 6-11　使用错误口令提取的水印图像

首先，本章运用 MD5 散列函数生成 Logistic 映射初值 x_0、素数 k_1 和 k_2。由于 MD5 散列函数的抗碰撞性，不同的口令 s，即使差别不大，也会生成截然不同的摘要，从而生成完全不同的 x_0、k_1 和 k_2，秘密值生成的安全性有所保障。除此之外，由于 MD5 支持任意长度的数据作为输入而输出固定长度的摘要，因此用户输入口令 s 的长度不受限制，操作简单。

在水印生成过程中，本章使用了 Logistic 变换将水印置乱，使得水印包含的信息被打乱。该变换对初值的高度敏感性使得初值 x_0 的微小不同也会对置乱结果产生较大影响。经置乱的水印经嵌入后，即使水印比特被提取出来，攻击者仍然无法得知水印的原始信息。

其次，水印和辅助信息的嵌入位置使用了 Torus 自同构映射，将信息嵌入位置进一步打乱，嵌入位置由以口令 s 生成的素数决定，水印序列在载体图像的嵌入位置分散，隐蔽性得到提升，且同时减小了由于图像某一块的信息受到攻击而对水印提取造成的影响。

最后，本章设计提出了一套低失真像素溢出处理算法，该方案在很好地解决了溢出问题的同时，也引入了校验码，在提取时检验信息的正确性，防止错误的溢出记录给图像的恢复造成更大的影响。

6.5.2 溢出处理算法性能分析

本章设计的低失真溢出处理算法采取不同于嵌入水印信息的嵌入方法，将辅助信息（包括溢出记录和校验信息）叠加嵌入在图像中，不占用可嵌入水印容量。

下面对溢出处理算法的处理质量进行评估。在图像 peppers 中嵌入不同容量的信息，产生不同个数的溢出，比较溢出处理算法处理前后图像的变化，其结果如图 6-12 和图 6-13 所示。

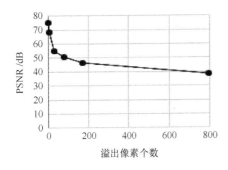 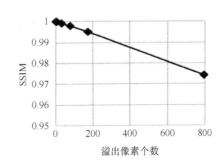

图 6-12 Pepper 在经溢出处理前后的 PSNR   图 6-13 Pepper 在经溢出处理前后的 SSIM

从结果可知，溢出处理对图像的影响很小，其差别以视觉难以感知，且处理后图像不存在溢出像素，溢出问题被解决。同时，该处理过程完全可逆，溢出处理前和恢复后的图像完全一致。

6.5.3 可逆性分析

以图 6-10a 作为水印图像，以多张大小为 512×512 像素的灰度图作为载体图像，以"Dalian, Liaoning, China"作为秘密口令，嵌入的结果如表 6-1 所示。

表 6-1 实验结果图片展示

图 片 名 称	原始载体图像	嵌入水印后的图像	提取恢复的图像
lena			
plane			
peppers			

(续)

图片名称	原始载体图像	嵌入水印后的图像	提取恢复的图像
baboon	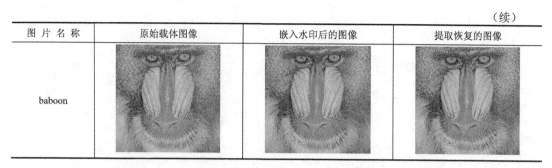		

本章算法完全可逆,结果经验证得知,恢复后和嵌入前的载体图像完全一致,且提取出的水印图像也与原始水印图像完全一致。

6.5.4 质量和容量分析

使用本章方案嵌入水印,在不同的信息嵌入率下的 PSNR 和 SSIM 水平如图 6-14 和图 6-15 所示。从实验结果可知,本章方案取得了较为满意的效果,但是对于纹理较多的图片,如 baboon,随着嵌入容量的增大,质量下降较快,但在其他图片上效果尚可。因此本章方案更适用于纹理较少的图片。

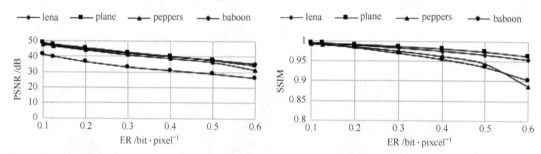

图 6-14 4 幅图像在不同的嵌入容量下的 PSNR   图 6-15 4 幅图像在不同的嵌入容量下的 SSIM

6.5.5 鲁棒性分析

使用 512×512 像素的 lena 图嵌入 64×64 像素的水印图像 watermark,口令设置为 "Dalian, Liaoning, China"。随后,对图像进行修改或裁剪,采取的攻击方式和提取结果如表 6-2 所示。可见,即使对图片进行幅度较大的修改,水印提取过程仍然不受影响,且恢复出的水印图像仍可辨认。

表 6-2 修改裁剪和提取结果

攻击方式	修改或裁剪后的图片	提取出的水印图像
修改部分区域 1		

（续）

攻击方式	修改或裁剪后的图片	提取出的水印图像
裁剪部分区域 1		
裁剪部分区域 2		

下面对图像加入椒盐噪声，结果如表 6-3 所示。结果显示，在加入椒盐噪声后，提取出来的水印图像仍然清晰可见。综上，该水印方案的鲁棒性令人满意，能抵抗一定程度的攻击。

表 6-3 加入椒盐噪声和提取结果

椒盐噪声方差	加入噪声后的图片	提取出的水印图像
0.001		
0.005		
0.01		

（续）

椒盐噪声方差	加入噪声后的图片	提取出的水印图像
0.02		

本章小结

本章提出了一种包含新的溢出解决方法的可逆水印方案，其主要思想是两次嵌入，首先使用基于小波系数直方图的方法嵌入水印信息，再使用一种低失真可逆水印算法嵌入溢出记录。本章的最大贡献就是设计了一种新的低失真溢出解决方法，且不同于一般的溢出解决方法在嵌入水印前或嵌入时进行操作，该过程是在嵌入水印后独立进行，因此这种溢出解决方法理论上可以用于任何可逆水印算法。除此之外，本章方案对于小波系数直方图平移方法有所改变，将水印信息平均分配嵌入小块中，不需要提前确定阈值等信息，操作简便。最后，本章运用诸多加密、置乱方法来确保水印的安全性，确保只有知道正确的口令才能提取水印信息，提升了水印的可靠性。

本章方案的一整套流程保证了水印算法的完全可逆性，在含水印图像未被篡改的情况下可以无损恢复载体图像和水印图像，适合应用于对多媒体资料完整性高的领域的版权保护。

第 7 章 基于 Arnold 置乱的三层篡改定位及恢复的半脆弱性水印算法

7.1 引言

随着互联网的迅速发展，数字媒体的编辑、复制、修改以及合成在网络通信中变得极其容易。同时，随着我国国家网络安全战略的提出，网络安全变得尤为重要。因此，在多重环境下，数字多媒体内容的完整性和真实性认证以及知识产权的保护和鉴别成为当前急需解决的问题，也推动了以数字媒体完整性和真实性认证为目标，保护信息安全，实现防伪溯源、版权保护的数字水印技术的研究与发展。

随着互联网技术的快速发展，数字图像产品被广泛传播和应用，但是数字图像产品容易被复制和篡改，这给诸如版权保护、医疗和军事等需要保护图像信息原始性的领域带来非常大的困扰。为了解决这一问题，人们在信息安全中的图像领域提出了图像水印技术。数字水印算法主要利用人的视觉、听觉和信息媒体的冗余性，在一定范围内将一些额外信息嵌入信息媒体中，这些额外的信息可以用作版权证明、内容完整性认证以及错误恢复等。

1. 图像篡改检测和定位的研究现状

由于数字签名技术具有不可抵赖、信息完整、信息保密、身份认证等特性，因此早期研究者们提出结合数字签名的图像水印技术对图像进行认证，很好地保证了水印信息的安全性。首先，发送者使用数字签名技术对待发送图像信息实行数字签名操作获得水印信息，然后把水印嵌入图像中并通过公共信道传输。在接收端，接收者获取到图像信息后，同样对接收到的信息进行数字签名操作获得水印信息，并同时使用相应算法把图像中携带的水印提取出来，根据接收到的水印和提取出来的水印对图像进行认证[148]。

Walton[149]首先提出了采用脆弱水印的研究方法来进行图像的内容完整性认证，该算法根据图片生成一些特征信息，并将其嵌入图像的最低有效位。该方法作为一种创新性方法，为后来的研究者提供了许多借鉴和参考。

基于数字签名技术的图像水印虽然能很好地验证图像的原始性和完整性，但是图像信息一旦被篡改，该方法不能找出图像被篡改的区域。为此，研究人员提出了基于图像子块的篡改检测和定位方法，如基于分层的方法、基于 DWT 的方法、基于统计的方法、基于块特征和混沌序列的方法、基于图像特征值的方法等。

刘泉等[150]首先将可能遭受篡改的水印图像划分为互不重叠的 4×4 像素独立块，再将所有独立块进一步划分为互不重叠的大小为 2×2 像素的 4 个图像子块，然后将所有图像块像素的 2bit LSB 置 0，并计算它的灰度平均值。第 1 层对图像块中的 4 个子块进行检测；第 2 层将图像块作为一个单元进行检测；第 3 层以图像块为中心，对其周围的 8 个

4×4 像素图像块进行检测。对水印图像的其他独立块也用同样方法进行篡改检测和定位。李子臣等[151]将原始图像进行小波变换，利用小波变换之间的高频系数关系进行水印的嵌入和提取。篡改定位时，先对含水印图像进行小波变换，得到小波高频系数；然后对小波高频系数进行分块，分块大小为 2×2 像素，每 4 个小波系数对应 1 个水印图像；最后对 2×2 像素矩阵定义篡改规则，实现篡改定位。Dadkhah 等[152]将图像切割成大小为 4×4 像素的子块，使用统计方法给每个子块生成 12bit 信息用于图像的篡改定位和检测。张君捧等[153]利用 2×2 像素分块 DCT 系数编码作为块特征，嵌入由混沌序列产生的映射块中，采取了 3×3 像素邻域法对篡改区域进行优化。若其 3×3 像素邻域中被篡改的块数目大于 4，则该块被标记为篡改，否则视为有效。Luo 等[154]首先将图像切割成大小为 2×2 像素的子块，通过计算得到子块的特征值；然后根据特征值生成的校验信息，一旦发生篡改，基于图像篡改检测和定位算法便能很好地找到被篡改图像子块的具体位置。

2．图像篡改恢复的研究现状

在图像篡改区域定位技术日益成熟的背景下，恢复被篡改图像的需求也被提出，一系列用于图像篡改检测和恢复的水印算法也逐渐成为研究热点。

Fridrich[155]提出了基于 DCT 变换域的自嵌入水印算法。首先将图像分块，每块大小为 8×8 像素，把图像块中每个元素最低有效一位清零；然后对每块进行 DCT 变换，对得到的 DCT 系数量化编码后嵌入对应块的每个元素最低有效位中。该算法可以定位篡改区域大小到 8×8 像素，并且可以利用存储的水印信息实现对篡改图像的内容恢复；但由于此算法中块与块之间的相互独立，使得采用此算法嵌入水印的图像无法抵抗伪造攻击。

刘泉等[150]在经过 3 层水印检测与定位后，遭受篡改的图像块均做出了标记，恢复图像时只需恢复被篡改图像块即可。设图像块 B 有篡改标记，则根据密钥和图像块 B 的 Torus 自同构映射计算并定位图像块 C，如果图像块 C 无篡改标记，则从该图像块中提取 6bit 恢复水印并在最后补 0 至 8bit，并替换图像块 B 中的原 8bit。

Qin 等[19]提出一种基于非下采样轮廓变换（Nonsubsampled Contourlet Transform，NSCT）的篡改区域定位和恢复算法，先将图像子块划分为简单块和复杂块，计算每块的 NSCT 作为图像恢复水印信息，但是要求每块不小于 32bit。

Tong 等[156]把图像切割成大小为 2×2 像素的图像子块，利用混沌算法找到图像子块的映射块位置，并将图像子块进行分类；同时提取像素高 5 位信息计算平均值，并将其作为特征值。该算法具有更好的混沌效果，也能够有效提高篡改区域定位的精度和篡改检测准确率；但是该算法产生的恢复水印信息精确度较低，损失了图像的篡改恢复质量。

张君捧等[153]经过篡改区域的定位与优化后，对于被标记为篡改的图像块进行恢复。假设被标记为篡改的图像块为 B，则根据映射矩阵生成方法，采取相同的密钥，找到对应的嵌入块 C。若图像块 C 未标记被篡改，则提取图像块 C 中的水印，计算直流系数后进行离散余弦逆变换得到 D，以 D 代替图像块 B 的各像素值，即可恢复被篡改的部分；若图像块 C 已被标记为篡改，则以图像块 B 的 3×3 像素邻域内其他块像素的均值来恢复被篡改的图像块。对篡改区域，用模板为 3×3 像素的中值滤波方法去掉恢复区域中的一些离散点。

Dadkhah 等[157]对图像进行两重切割，首先把图像切割成大小为 4×4 像素不重叠的子块,再把该图像子块切割成 4 个尺寸为 2×2 像素的小块,以大小为 4×4 像素的子块为篡改检测最小单元,根据奇异值分解算法,为所有的 4×4 像素图像子块生成 12bit 的认证信息,并提取 2×2 像素图像子块的像素高 5 位信息生成大小为 20bit 的特征值作为恢复水印信息。

马巧梅等[158]针对单像素篡改检测算法和分块篡改检测算法的缺点,提出了基于交叉划分的篡改检测与恢复算法。根据图像内容生成的 2×2 像素分块水印被两次嵌入不同的对应块中,两次分块方式采用交叉划分方式。在水印嵌入时采用混沌映射序列对水印进行加密,根据不同的分块位置进行两次篡改检测,并根据两次检测结果交叉后逐步求精,得到最终检测结果。图像恢复采用像素级恢复方式,先确定水印嵌入区域是否被篡改,然后根据两次嵌入的信息进行恢复。该算法篡改检测定位精度可以达到像素级,恢复图像质量好,能够抵抗矢量攻击和噪声攻击。

邓小鸿等[159]通过分析图像的纹理信息,提出一种基于四叉树分解和线性加权插值技术的无损水印算法。首先对原始图像进行四叉树分解,得到非固定尺寸且具有高同质性的图像块;然后利用线性加权插值方法计算每个图像块的特征值作为水印信息;最后采用基于混沌的简单可逆整数变换进行水印嵌入,并利用基于混沌的可逆整数变换提取的特征值恢复篡改区域。

石亚南等[160]提出一种空间域与频域结合的分层自嵌入水印算法。第 1 层水印嵌入把 2×2 像素图像块内元素的奇偶校验码、异或校验码以及图像块的灰度均值信息作为水印进行加密后都嵌入偏移块中,将处理过的偏移块元素的奇偶认证码嵌入其自身;第 2 层水印嵌入将嵌入第 1 层水印的图像分成 8×8 像素大小,提取每块频域特征加密后的信息嵌入偏移块。该算法第 3 层对图像进行检测定位与恢复,给出基于混沌序列与 Torus 自同构映射结合的偏移值选取方法,准确地定位图像的篡改位置并且较高质量地恢复图像。

Hu 等[161]首先自适应地对图像进行分块,子块大小一般为 2×2 像素、4×4 像素、8×8 像素;再计算每个图像子块的平均值,将平均值作为图像恢复水印信息;然后将校验信息、平均值嵌入纹理平滑的图像子块中。

李淑芝等[162]提出了一种图像块自适应分类的篡改定位和恢复水印算法。该算法首先将图像分成大小为 3×3 像素的分块;再将图像块分为纹理简单块和纹理复杂块,根据纹理复杂度自适应地生成特征值作为恢复信息;最后对水印进行单次嵌入,裁剪冗余的水印信息,并且在认证阶段对水印信息进行多层次认证。篡改分为两种情况。第一种情况,如果图像块 A 和对应的映射块 B 同时被篡改,利用图像像素之间的相关性,选取 A 周围 8 个图像块中未被篡改的图像块,把它们的平均值作为恢复信息对 A 进行恢复。第二种情况,如果图像块 A 被篡改,对应的映射块 B 未被篡改,从 B 中获取 A 的纹理复杂度标记位,判断 A 的类型。如果 A 是纹理简单图像块,则从 B 中获取 A 的平均值,把平均值作为恢复信息对 A 进行恢复;如果 A 是纹理复杂图像块,则从 B 中获取 A 的平均值和像素纹理复杂度标记位,按照相应公式计算 A 的恢复信息。

李淑芝等[163]提出了一种新的基于纹理复杂度和 Laplacian 算子的篡改定位和恢复水印算法。首先将图像分成 3×3 像素的分块,分别计算各块的纹理复杂度,利用纹理复杂度对同质块进行合并,降低水印嵌入对图像质量的影响;然后计算母块和单独块的 Laplacian 卷积值作为其特征值,并将母块的位置信息作为子块的特征值,新的特征值增强了对篡改的敏感性,并减少了需嵌入的特征水印数量;最后将子块的特征值水印嵌入母块像素最低有效位中,母块和单独块则嵌入其对应块的像素最低有效位中。若篡改区域为母块或单独块,则从映射块中计算出其 Lap 值(Laplacian 算子),并从该篡改块的领域中选取一个 Lap 值最接近的块替换此块;若篡改区域为子块,则根据映射块保存的母块位置信息用母块替换子块。

总之,研究人员通过各种方法提高图像篡改检测和定位的精准性以及图像恢复的高质量性,期望数字水印能应用于更多高质量要求的图像处理领域。

针对图像水印只能定位篡改而不能恢复或恢复效果差的问题以及篡改定位只能作用于明文图像的特点,在刘泉等[150]提出的分层半脆弱数字水印算法的基础上,人们又提出了一种新的基于 Arnold 置乱的半脆弱数字水印算法,用于 Arnold 置乱图像和明文图像内容完整性认证,并采用分层思想进行水印提取、篡改定位及恢复。因此,本章设计了两类水印信息,即用于图像篡改定位的认证水印和用于图像篡改恢复的恢复水印。与文献[150]相比,本章算法对原文图像的影响更小,同时还可以实现秘密图像的篡改定位,具有更高的 PSNR 和更高的定位精度。

本章算法中的嵌入水印由认证水印和恢复水印组成,其中认证水印由奇偶校验码和块内部像素点之间灰度值的比较组成;恢复水印为自同构映射块的平均灰度值信息,目的是用来有效恢复被篡改图像。在水印嵌入过程中,采用原始图像所有像素的 2bit LSB 来嵌入水印。加密算法采用 Arnold 加密方式,在秘密图像下进行篡改定位,然后对篡改定位图进行解密,并进行二次篡改定位,即可得到篡改定位图像,同时对篡改图像进行恢复。

7.2 相关知识介绍

7.2.1 图像篡改定位与恢复

图像篡改定位和恢复被广泛应用于医学、军事和卫星等对图像质量要求较高的领域,主要因为篡改定位和恢复技术能检测图像信息的原始性和真实性,如果原始图像被篡改,利用此种技术可以检测出图像中有哪些子块被篡改,且能完成被篡改图像的高质量恢复,获得与原始图像差异非常小的恢复图像。

1. 图像篡改定位与恢复介绍

图像篡改定位与恢复以静态图像为载体,发送方将水印信息(可包括认证水印和恢复水印)嵌入原始图像中,检测方根据认证水印信息对接收到的图像进行分析,找出被篡改的图像区域,即篡改定位,然后根据恢复水印信息对接收到图像进行还原,即恢复图像。图像篡改定位与恢复的主要研究内容包括 3 部分:

1)生成原始图像的认证水印和恢复水印,并进行恢复水印和认证水印的嵌入,生成嵌入水印的原始图像,在整个过程中要保证信息的隐蔽性。

2)利用认证水印检测接收到的水印图像,并进行篡改定位,生产篡改定位图像,在整个过程中要保证信息的原始性和完整性。

3）对待恢复图像的每一个篡改标记过的图像块根据恢复水印进行恢复，得到最终恢复图像，并与原始图像进行对比。

因此，高质量的认证水印和恢复水印的生成和嵌入、篡改的检测和定位及篡改图像的恢复都是图像篡改和恢复中的核心问题。

2．图像篡改定位与恢复的基本原理

图像篡改定位和恢复中水印的产生和嵌入模型如图 7-1 所示。水印信息包括认证水印和恢复水印，认证水印用来检测原始图像有没有被篡改，并定位被篡改的图像子块；恢复水印用来恢复被篡改的图像子块。认证水印和恢复水印共同生成水印信息，然后利用特定的水印嵌入算法，结合密钥或者公钥把水印嵌入原始图像，生成含水印的图像。

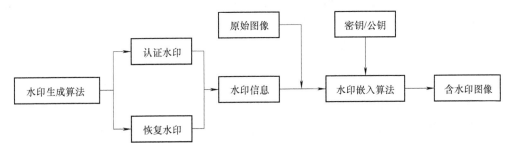

图 7-1　图像篡改定位和恢复中水印的产生和嵌入模型

水印图像一般经过公共信道进行传输，在传输过程中，图像可能被非授权者拦截并且恶意篡改或者损毁，导致接收者无法得到真实有效的图像信息。此时接收者可以提取出图像中的认证水印和恢复水印信息，利用认证水印对其进行篡改检测，如果图像被篡改，则利用恢复水印对被篡改图像进行有效的恢复。图像检测和恢复模型如图 7-2 所示。

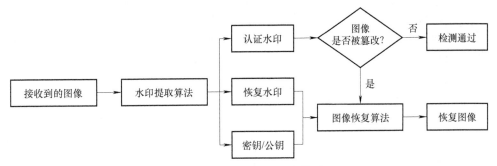

图 7-2　图像检测和恢复模型

首先通过公共传输信道从接收端接收到图像信息，根据水印提取算法从接收到的图像中获得认证水印、恢复水印、密钥或者公钥。然后根据提取的认证水印对接收到的图像进行篡改检测，如果检测通过，则判定该图像是一幅完整的、原始的图像；如果检测不通过，则表明接收到的图像已经被篡改，则使用恢复水印及提出的图像恢复算法对被篡改的图像进行恢复，得到恢复图像。

3．图像篡改定位和恢复中水印的特性

图像篡改定位和恢复中的水印不但需要具有数字水印的鲁棒性、隐秘性、脆弱性和盲检测性等基本性能，还需要具有定位和恢复被篡改图像区域的性能，具体特性如下[148]。

1）鲁棒性：在篡改定位和恢复领域，水印的鲁棒性不仅要保证在图像信息遭遇攻击时载体信息受到的影响较小，而且要保证依旧能够提前水印，并依据水印对图像进行高质量的恢复。

2）不可感知性：也称隐蔽性或者透明性。经过认证水印和恢复水印的嵌入算法处理后，把水印信息嵌入载体图像中，要保证人体肉眼不容易察觉被嵌入的秘密信息，同时保证不能轻易地区分含水印图像和原始图像。

3）盲检测性：根据在接收端获取水印信息时是否要预留数据的辅助，把水印分为盲检水印和非盲检测水印。在获取水印信息时，如果必须使用预留数据进行辅助，则为非盲检水印；如果不需用预留数据或者原始载体图像数据的辅助，则为盲检水印。在篡改检测和恢复领域，水印的盲检测性是指在对图像信息进行篡改检测时不用原始载体图像数据的辅助便可完成一系列的检测。

4）可恢复性：在检测到图像被篡改时，能够通过一定的算法（恢复图像算法）对被篡改区域进行恢复。数字图像的可恢复性可以节约通信资源和存储空间。

5）篡改检测和定位：脆弱水印在图像认证领域被广泛应用是因为其对篡改具有敏感性，一旦图像被修改，便会导致提取出来的认证信息与原始的认证信息不匹配。篡改检测和定位中所用水印是建立在脆弱水印基础上的，该技术能对图像信息进行认证，当认证不通过时，即可定位出图像被篡改的区域。其定位精度越高，就能更精确地得知图像中哪些块被篡改，哪些图像块没有被篡改。

7.2.2 图像置乱算法

图像置乱就是利用数字图像具有的数字阵列的特点，在图像像素值不改变的前提下将某一位置的像素值移动到图像的另一个位置，从而改变像素之间的相关性，从整个图像来看会显得杂乱无章。图像置乱是大部分图像在信息隐藏方面的基础性工作，既可作为一种图像加密方法，又可作为进一步隐藏图像信息的预处理过程。图像置乱的任务之一是将图像打乱，起到加密的作用，使其满足统计上和视觉上的具有服从均匀分布的白噪声特性，提高加密强度，即解密难度。一般来说，图像的置乱度越高，其隐藏的信息安全性越高，抗攻击性越好，同时在一定程度上提高了数字水印的鲁棒性。

对于应用在数字水印中的置乱技术来说，其目的不仅在于打乱图像，使得攻击者不能识别图像的内容，更在于把遭到损坏的集中在一起的图像像素分散开来，从而可以分散原有水印图像中错误比特的分布，通过减少对人视觉的影响来提高数字水印的鲁棒性。水印图像在置乱后的像素分布越乱越好，即每个像素点的灰度值与周围像素点灰度值的差别越大，则图像越乱。

常见的图像置乱算法包括基于 Fibonacci 变换[164]的置乱算法、基于 Arnold 变换[165]的置乱算法等。本章采用基于 Arnold 变换[165]的置乱算法。下面对这两种置乱算法进行简单介绍。

1. 基于 Fibonacci 变换的置乱算法

数列 0,1,1,2,3,5,8,13,21,34,55,89,⋯ 是 Fibonacci 数列，是 1202 年意大利数学家斐波

第 7 章 基于 Arnold 置乱的三层篡改定位及恢复的半脆弱性水印算法

那契首先提出来的。下面给出 Fibonacci 数列和 Fibonacci 变换的精确数学定义[164]。

定义 7.1 设 $F_0 = 1, F_1 = 1, F_n = F_{n-1} + F_{n-2}$，$n \geq 3$，则数列 $\{F_n\}$ 称为 Fibonacci 数列。

定义 7.2 设 F_n、F_{n+1} 是 Fibonacci 数列中的两个相邻数，则称以下变换：

$$S_k = (kF_n + r) \bmod F_{n+1} \tag{7-1}$$

为 Fibonacci 变换。这里 r 可作为算法中密钥的一部分：

$$r = 0, 1, 2, \cdots, F_{n+1} - 1 \ (k = 0, 1, 2, \cdots, F_{n+1} - 1)$$

由定义可以看出，该变换可将数列 $\{Q\} = (0, 1, 2, \cdots, F_{n+1} - 1)$ 变换成另一新数列 $\{S\} = (S_0, S_1, S_2, \cdots, S_{F_{n+1}-1})$，且可以证明数列 $\{S\}$ 是数列 $\{Q\}$ 的一个新的伪随机置换。

Fibonacci 变换具有周期性，即数列经过相同的变换 N 次后，能够变换回原始数列，最小的 N 即为该变换的周期。

Fibonacci 变换具有均匀性。如果把数列首尾相接构成一循环数列形式，则循环数列中相邻的数或等循环距离的数通过 Fibonacci 变换被均匀地分散到变换后的循环数列中。在新的循环数列中仍等循环距离，且尽可能得远。例如，定义 7.2 中当密钥 $r = 0$ 时，数列

$$\{Q\} = (0,1,2,3,4,5,6,7,8,9,10,11,12) \xrightarrow{\text{Fibonacci变换}} \{S\} = (0,8,3,11,6,1,9,4,12,7,2,10,5)$$

在循环数列 $\{S\}$ 中，将原来相邻的数 $(1, 2)$ 和 $(3, 4)$ 变换成 $(8, 3)$ 和 $(11, 6)$，循环距离仍然相等，且为最大值 5。

由于当密钥取 0 时，Fibonacci 变换的周期只有 2 或 4，因此该算法只要变换一次就可以达到令人满意的置乱效果，大幅度提高了算法的速度。除此之外，Fibonacci 变换的均匀性可使错误像素均匀地分散到整幅水印中。

2. 基于 Arnold 变换的置乱算法

Arnold 变换[165]是俄国数学家 Vladimir l.Arnold 提出的在遍历理论研究中的一类剪裁变换，又称为猫脸变换。

定义 7.3 设 M 为光滑流形环面 $\{(x, y)(\bmod 1)\}$，M 上的一个自同态 h 定义如下：

$$h(x, y) = (x + y, x + 2y)(\bmod 1) \tag{7-2}$$

显然映射 h 导出覆盖平面 (x, y) 上的一个线性映射为 $h = \begin{bmatrix} 1 & 1 \\ 1 & 2 \end{bmatrix}$。

定义 7.4 设有单位正方形上的点 (x, y) 变换到另一点 (x', y') 的变换为

$$\begin{bmatrix} x' \\ y' \end{bmatrix} = \begin{bmatrix} 1 & 1 \\ 1 & 2 \end{bmatrix} \begin{bmatrix} x \\ y \end{bmatrix} (\bmod 1) \tag{7-3}$$

其中，$(\bmod 1)$ 表示模 1 运算，此变换称为二维 Arnold 变换，简称 Arnold 变换。

将图像数字化为一个二维矩阵，则其元素所在的行和列对应于自变量的取值，元素本身的值代表图像信息，即离散化的图像相当于元素之间存在相关性的一类特殊矩阵。将 Arnold 变换应用在图像，图像像素位置会重新排列，经过有限次变换后会变得异常混乱。但 Arnold 变换具有周期性，继续使用 Arnold 变换，再经过有限次变换后又重新变换为初始图像。考虑到数字图像的需要，把以上的 Arnold 变换改为

$$\begin{bmatrix} x' \\ y' \end{bmatrix} = \begin{bmatrix} 1 & 1 \\ 1 & 2 \end{bmatrix} \begin{bmatrix} x \\ y \end{bmatrix} \pmod{N} \tag{7-4}$$

式中　　N——数字图像矩阵的阶数；

(x, y)——变换前像素的位置，$x, y \in \{0, 1, 2, \cdots, N-1\}$；

(x', y')——变换后像素的位置；

mod——模运算。

数字图像可以看作一个二维矩阵，经过 Arnold 变换之后图像的像素位置会重新排列，这样图像会显得杂乱无章，从而实现了对图像的置乱加密效果。

7.2.3　空间域 LSB 算法

最低有效位（LSB）是一种典型的空间域数据隐藏方法。最早的一篇数字水印论文是在 1993 年的 DICTA（International Conference on Digital Image Computing: Techniques and Appli cations，数字图像计算、技术和应用）会议上由 Tirkel 等发表的论文 *Electronic WaterMark*，作者在文中采用的方法都是基于修改图像 LSB 位平面，这种算法已经成为时空域嵌入技术的经典算法[166]。

以一副 256 灰度的图像为例，256 灰度共需 8 位二进制构成，如 1111 1111（255），其中每一位的作用是不一样的，位越高对图像的影响越大，最高位就代表 1000 0000（128）；反之位越低影响越小，最低位 1 只代表 1。所以，可以通过改变一副图像的最低位来嵌入数据，即使载体图像的所有最低位都改变，图像本身也基本不会发生任何变化，即满足了水印的透明性（不可感知性）。

LSB 就利用了数字图像处理中位平面的原理，即把水印嵌入原始图像的最不重要位置上，改变图像的最低位的信息，对图像信息产生的影响非常小，人眼的视觉感知系统往往察觉不到。

LSB 算法进行空间域信息隐藏算法时，可以使用特定的密钥通过 m 序列发生器产生随机信号，然后按一定的规则排列成二维水印信号，并逐一嵌入原始图像相应像素值的最低几位。由于水印信号隐藏在最低位，相当于叠加了一个能量微弱的信号，因此在视觉和听觉上很难察觉。LSB 水印的检测是通过待检测图像与水印图像的相关运算和统计决策实现的。LSB 算法可以隐藏较多信息，但鲁棒性较差。

7.3　基于 Arnold 置乱的三层篡改定位及恢复的半脆弱性水印算法设计

本章在文献[150]的基础上，提出了一种可同时适用于明文图像和秘密图像的数字水印算法，用于分层篡改定位和恢复。其中，对图像进行基于分块的 3 层检测可精确地定位出图像被篡改的位置；而被篡改图像块的有效恢复是依赖于嵌入在另一个子块中的特征信息，该嵌入块的确定是由 Torus 自同构映射一维变换计算得到的。其中，对明文图像直接进行 3 层篡改定位；而对秘密图像进行一层篡改定位后，对定位图像进行解密后再进行二次处理便可得到秘密图像的篡改定位图像。下面分别介绍水印嵌入、明文图像的篡改定位、秘密图像篡改定位和明文图像的恢复,具体流程如图 7-3 所示。

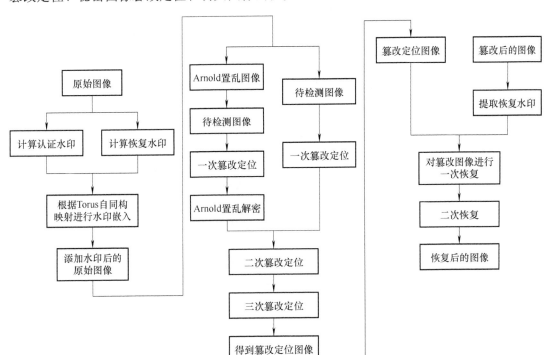

图 7-3 基于 Arnold 置乱的半脆弱性水印算法流程

7.3.1 基于分块的水印嵌入

水印嵌入采用 Torus 自同构映射来进行嵌入位置的选择,即将某一图像块的信息嵌入 Torus 自同构映射位置。首先将原始图像进行预处理操作,生成原始图像的认证水印和恢复水印,并根据 Torus 自同构映射进行恢复水印和认证水印的嵌入,其嵌入方式为嵌入每一位像素的最低 2 bit 有效位中,最终生成嵌入水印的原始图像。水印嵌入流程如图 7-4 所示。

1. 预处理

假设原始图像 I 为 256 灰度级,大小为 $M \times M$,其中 M 为 2 的倍数。对图像进行分块,通过 Torus 自同构变换得到块映射序列 $A \to B \to C \to D \to \cdots \to A$,并进行水印嵌入。序列中的每个字母代表一个独立的块,即块 A 的亮度特征嵌入块 B 中,块 B 的亮度特征嵌入块 C 中,依此类推。

Torus 自同构映射一维变换公式计算——映射序列,如下:

$$X' = [f(x) = (k \times X) \bmod N] + 1 \qquad (7-5)$$

式中 X, X'——块序号,$X, X' \in [1, N]$;

k——素数,$k \in [0, N-1]$,属于私有密钥;

N——图像分块总数,$N \in Z - \{0\}$。

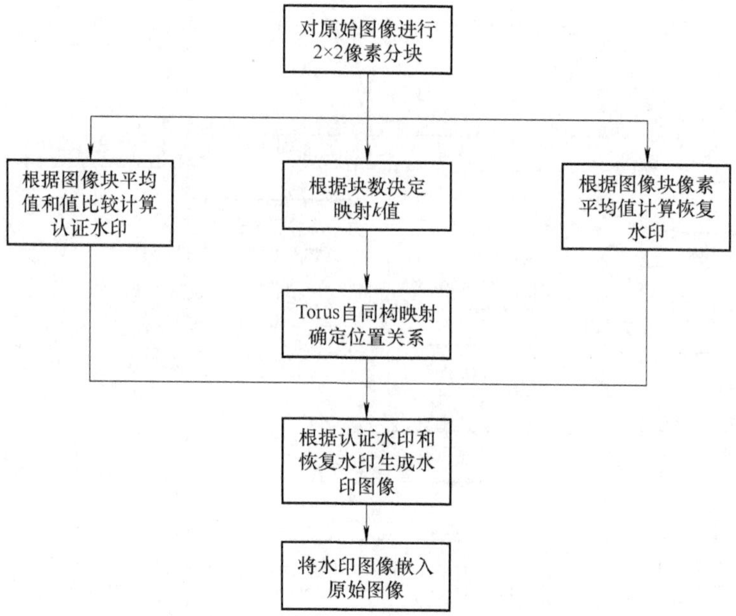

```
         ┌──────────────────┐
         │ 对原始图像进行    │
         │ 2×2像素分块      │
         └────────┬─────────┘
    ┌────────────┼────────────┐
    ▼            ▼            ▼
┌────────┐  ┌────────┐  ┌────────┐
│根据图像块平均│ │根据块数决定│ │根据图像块像素│
│值和值比较计算│ │映射k值    │ │平均值计算恢复│
│认证水印    │ │          │ │水印        │
└────────┘  └────┬───┘  └────────┘
                 ▼
            ┌────────┐
            │Torus自同构映射│
            │确定位置关系  │
            └────┬───┘
                 ▼
            ┌────────┐
            │根据认证水印和│
            │恢复水印生成水│
            │印图像      │
            └────┬───┘
                 ▼
            ┌────────┐
            │将水印图像嵌入│
            │原始图像    │
            └────────┘
```

图 7-4　水印嵌入流程

块映射序列生成算法如下：

1）将大小为 $M \times M$ 的原始图像划分为互不重叠的 2×2 像素的块，则分块总数为 $N = \dfrac{M}{2} \times \dfrac{M}{2}$。

2）按照从左到右、从上到下的顺序对所有分块进行编号，记为 $X, X = 1, 2, \cdots, N$。

3）任意确定私有密钥 k，$k \in [0, N-1]$ 且为素数。

4）根据式（7.5）计算 X'，即块 X 的 Torus 自同构映射块。

5）记录所有的 X 和 X'。

当密钥 k 为素数时，X 和 X' 满足一一映射关系，否则为多对一映射关系。图 7-5 给出了当 $N=16, k=7$ 和 $N=16, k=6$ 时 X 和 X' 的映射关系。由图 7-5 可发现，当 $k=7$ 时，自同构映射最小周期为 16，而 $k=6$ 时，不为素数，则在 $X=9$ 处，序列 X 开始重复。由此可得，当密钥 k 不为素数时，自同构映射最小周期小于 N，为多对一映射关系。

8	15	6	13
4	11	2	9
16	7	14	5
12	3	10	1

a) $k = 7$

7	13	3	9
15	5	11	1
7	13	3	9
15	5	11	1

b) $k = 6$

图 7-5　Torus 自同构映射关系图（$N=16, k=7, k=6$）

2. 基于分块的水印生成与嵌入

为了便于分析，假设图像块 A 和 B 为原始图像 I 中的两个分块，它们是一对 Torus 自同构映射，即 $A \rightarrow B$，其中图像块 A、B 的大小均为 2×2 像素，如图 7-6 所示。

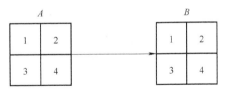

图 7-6　图像块映射过程

图像块 B 的水印信息用数组 (v, p, r) 表示，其中 v, p 为认证水印，均为 1 bit；r 为恢复水印，为 6bit，由图像块 A 对应的亮度特征决定。认证水印和恢复水印的产生及嵌入过程如下。

1) 将图像块 B 的所有像素的 2bit LSB 置零，并分别计算 B_{14}、B_{23}，计算公式如下：

$$B_{14} = B_1 + B_4$$
$$B_{23} = B_2 + B_3 \quad (7\text{-}6)$$

2) 按照下式生成图像块 B 的认证水印 v：

$$v = \begin{cases} 1 & B_{14} > B_{23} \\ 0 & B_{14} \leq B_{23} \end{cases}$$

3) 计算图像块 B 的 6bit MSB（Most Significant Bit，最高有效位）平均值 B_{avg}，计算公式如下：

$$B_{avg} = \frac{B_1 + B_2 + B_3 + B_4}{4} \quad (7\text{-}7)$$

4) 计算图像块 B 的 6bitMSB 平均值 B_{avg} 中 1 的个数 N，并根据 N 的值计算奇偶校验水印 p：

$$p = \begin{cases} 1 & N\text{为偶数} \\ 0 & N\text{为奇数} \end{cases} \quad (7\text{-}8)$$

5) 假设图像块 B 和图像块 A 为 Torus 自同构映射块，即图像块 A 的亮度特征嵌入 B 中，计算图像块 A 的 6 bit MSB 的平均值 A_{avg}，计算公式如下：

$$A_{avg} = \frac{A_1 + A_2 + A_3 + A_4}{4} \quad (7\text{-}9)$$

6) 将图像块 A 的 6 bit MSB 的平均值 A_{avg} 作为恢复水印 r 嵌入图像块 B 中。

7) 将认证水印和恢复水印 (v, p, r) 组成长度为 8 bit 的水印信息，按照图 7-7 所示嵌入图像块 B 的 4 个像素点的 2 bit LSB 中，从而得到嵌入水印后的图像块 B'。

	8	7	6	5	4	3	2	1
像素点1							v	r
像素点2							p	r
像素点3							r	r
像素点4							r	r

图 7-7　图像块 B 的水印嵌入过程

目前为止，已经完成了对图像块 B 的水印嵌入过程，最后重复上述步骤 1）~7），对其他图像块进行水印嵌入操作，即可得到图像 I 的水印图像 I'。

7.3.2 图像 Arnold 置乱加密

为了满足秘密图像下篡改定位的条件，不妨设水印图像 I' 的大小为 $M \times N$，将水印图像 I' 划分成 2×2 像素的图像块。以其中一个图像块 A 为例，则图像的 Arnold 置乱加密步骤如下：

1）图像块 A 的像素点分布如图 7-8 所示，设图像块 A 的第一个像素点坐标为 (x_A, y_A)，依次计算出图像块 A 像素点的坐标分别为 (x_A, y_A+1)、(x_A+1, y_A)、(x_A+1, y_A+1)。

图 7-8 图像块 A 的像素点分布

2）设 Arnold 加密密钥为 (a, b, N)，图像 I' 的像素点 (x_A, y_A) 经过 Arnold 映射，位置变换为 (x'_A, y'_A)。其中映射函数如下：

$$\begin{bmatrix} x'_A \\ y'_A \end{bmatrix} = \begin{bmatrix} 1 & b \\ b & ab+1 \end{bmatrix} \begin{bmatrix} x_A \\ y_A \end{bmatrix} \mod \begin{bmatrix} N \\ M \end{bmatrix} \tag{7-10}$$

3）将图像 I' 的像素点 (x_A, y_A+1)、(x_A+1, y_A)、(x_A+1, y_A+1) 分别变换为 (x'_A, y'_A+1)、(x'_A+1, y'_A)、(x'_A+1, y'_A+1)。

目前为止，已经完成了对图像块 B 的水印嵌入过程，最后重复上述步骤 1）~3），对其他图像块进行 Arnold 置乱操作，即可得到水印图像 I' 的 Arnold 置乱图像 I'_{Arnold}。

7.3.3 基于分块的篡改检测与定位

1. 明文图像的篡改检测与定位

水印检测和水印嵌入互为逆过程，因此首先将待检测的水印图像划分为互不重叠的 2×2 像素的独立块。明文图像的篡改检测与定位流程如图 7-9 所示。

例如，图像块 B' 是待检测水印图像 I'_w 中的一个独立块，则首先将图像块中的像素的 2bit LSB 置 0，并计算它的灰度平均值，如记图像块的灰度平均值为 B'_{avg}。然后，对水印图像 B'_{avg} 的所有图像块进行 3 层检测与定位。以图像块 B' 为例，第 1 层是对图像块 B' 进行检测；第 2 层是将待检测图像划分为 4×4 像素的独立块，根据第 1 层检测结果对 4×4 像素的独立块进行篡改标记；在第 3 层，对第 2 层中将 4×4 像素的独立块进行搜索，再次进行篡改标记。对水印图像 I'_w 的其他独立块也用同样的方法进行篡改检测和定位。

第 1 层检测中，首先将待检测图像划分为相互独立的 2×2 像素的互不重叠的独立块，下面以某个独立块 B' 为例，具体步骤如下：

第7章 基于 Arnold 置乱的三层篡改定位及恢复的半脆弱性水印算法

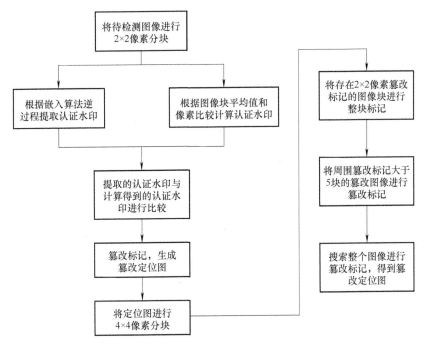

图 7-9 明文图像的篡改检测与定位流程

1）将图像块 B' 中的水印信息 (v,p) 根据嵌入规则进行逆向提取。

2）将图像块 B' 的所有像素点的 2bit LSB 置为 0（图 7-10），并且计算图像块 B' 的灰度平均值 B'_{avg}，如下：

$$B'_{avg} = (B'_1 + B'_2 + B'_3 + B'_4)/4$$

	8	7	6	5	4	3	2	1
像素点1							0	0
像素点2							0	0
像素点3							0	0
像素点4							0	0

图 7-10 图像块像素值 2bit LSB 置为 0

3）计算图像块 B' 的灰度平均值 B'_{avg} 中 6 bit MSB 中 1 的个数，记为 N'。

4）根据 N' 的值计算奇偶校验码 p' 的值，计算公式如下：

$$p' = \begin{cases} 1 & N' \text{为偶数} \\ 0 & N' \text{为奇数} \end{cases} \tag{7-11}$$

5）如果 $p' = p$，那么图像块奇偶校验通过认证，否则对图像块进行篡改标记。

6）当图像块奇偶校验通过验证时，对图像块 B' 进行认证水印 v' 的计算，计算步骤如下。

首先计算 B'_{14}、B'_{23}，计算公式如下：

$$B'_{14} = B'_1 + B'_4$$

$$B'_{23} = B'_2 + B'_3 \tag{7-12}$$

然后按照下式生成图像块 B' 的认证水印 v'：

$$v' = \begin{cases} 1 & B'_{14} > B'_{23} \\ 0 & B'_{14} \leqslant B'_{23} \end{cases} \tag{7-13}$$

7）如果 $v'=v$，那么图像块 B' 通过篡改认证，否则对该图像块进行篡改标记。

到目前为止，已经完成了对图像块 B' 的篡改认证。然后对图像 I'_w 的所有图像块重复步骤 1）～7），对待检测图像完成篡改标记，得到篡改定位图像 I_{locate}。

第 2 层检测中，将篡改定位图像 I_{locate} 划分为互不重叠的 4×4 像素的独立图像块，再将每一个独立图像块分为 4 个 2×2 像素的图像块，如图 7-11 所示。检测每个 4×4 像素的独立图像块中是否存在篡改标记的 2×2 像素的独立图像块，若存在，则对当前 4×4 像素的独立图像块进行篡改标记操作，得到篡改定位图像 I'_{locate}。

图 7-11 将 4×4 像素图像块分为 4 个 2×2 像素图像块

第 3 层检测中，将进行过两次检测的篡改定位图像 I'_{locate} 划分为 4×4 像素的互不重叠的图像块，如图 7-12 所示。对每一个图像块进行搜索，如果图像块未做篡改标记，并且其周围 8 块图像块有 5 块或 5 块以上的图像块有篡改标记，则将此图像块进行篡改标记操作，最后得到最终定位图像 I'_{locate}。

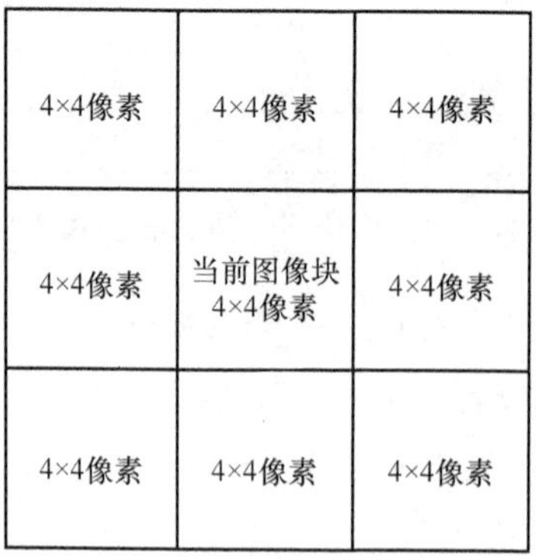

图 7-12 二次篡改定位图像分块

2. 置乱图像的篡改检测与定位

经过 Arnold 置乱后的置乱图像同样需要进行篡改检测，秘密图像的检测同样需要进行 3 层检测，具体流程如图 7-13 所示。

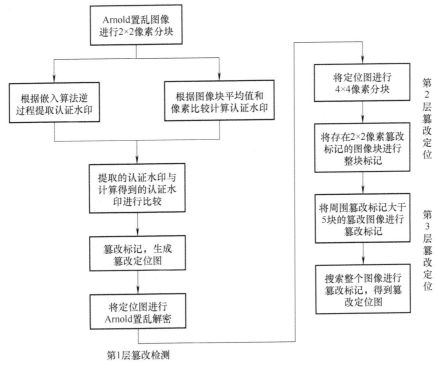

图 7-13 置乱图像的篡改检测与定位流程

假设经过 Arnold 置乱后的图像需要在不安全的第三方进行篡改检测，设不安全的云检测系统为 A_{cloud}，本地安全检测系统为 $B_{location}$，则在云检测系统进行秘密图像的第 1 层检测，将第 1 层检测结果发送给本地安全检测系统进行第 2、3 层篡改检测，具体步骤如下。

假设 Arnold 置乱后的待检测秘密图像为 I'_{arnold}，则在云检测系统 A_{cloud} 进行第 1 层篡改检测。首先将待检测图像 I'_{arnold} 划分为相互独立的 2×2 像素的互不重叠的独立块，下面以某个独立块 B' 为例，具体步骤如下。

1）将图像块 B' 中的水印信息 (v,p) 根据嵌入规则进行逆向提取。

2）将图像块 B' 的所有像素点的 2 bit LSB 置 0，并且计算图像块 B' 的灰度平均值 B'_{avg}，计算公式如下：

$$B'_{avg} = (B'_1 + B'_2 + B'_3 + B'_4)/4 \tag{7-14}$$

3）计算图像块 B' 的灰度平均值 B'_{avg} 中 6 bit MSB 中 1 的个数，记为 N'。

4）根据 N' 的值计算奇偶校验码 p' 的值，计算公式如下：

$$p' = \begin{cases} 1 & N'为偶数 \\ 0 & N'为奇数 \end{cases} \tag{7-15}$$

5）如果 $p' = p$，那么图像块奇偶校验通过认证，否则对图像块进行篡改标记。

6）当图像块奇偶校验通过验证时，对图像块 B' 进行认证水印 v' 的计算，计算步骤如下。

首先计算 B'_{14}，B'_{23}，计算公式如下：

$$B'_{14} = B'_1 + B'_4$$
$$B'_{23} = B'_2 + B'_3 \tag{7-16}$$

然后按照下式生成图像块 B' 的认证水印 v'：

$$v' = \begin{cases} 1 & B'_{14} > B'_{23} \\ 0 & B'_{14} \leq B'_{23} \end{cases} \tag{7-17}$$

7）如果 $v'=v$，那么图像块 B' 通过篡改认证，否则对该图像块进行篡改标记。

到目前为止，已经完成了对图像块 B' 的篡改认证。对图像 I'_w 的所有图像块重复步骤 1）~7），对待检测图像完成篡改标记，云检测系统 A_{cloud} 得到篡改定位图像 I^{cloud}_{locate}。然后将第 1 层篡改定位图像 I^{cloud}_{locate} 发送到本地检测系统 $B_{location}$，进行第 2、3 层篡改检测。

在本地篡改检测系统 $B_{location}$ 首先进行篡改定位图 I^{cloud}_{locate} 的 Arnold 解密操作，具体步骤如下。

1）将篡改定位图 I^{cloud}_{locate} 划分为 2×2 像素互不重叠的图像块，如图 7-14 所示，设每一个图像块的第一个像素点坐标为 (x_A, y_A)，依次计算出图像块 A 的像素点的坐标，分别为 (x_A, y_A+1)、(x_A+1, y_A)、(x_A+1, y_A+1)。

图 7-14　图像块 A 的像素点分布

2）设 Arnold 加密密钥为 (a,b,N)，图像 I' 的像素点 (x_A, y_A) 经过 Arnold 映射，位置变换为 (x'_A, y'_A)，同时根据 Arnold 加密矩阵转换得到加密矩阵的可逆矩阵，进行解密操作。其中映射函数如下：

$$\begin{bmatrix} x'_A \\ y'_A \end{bmatrix} = \begin{bmatrix} 1 & b \\ b & ab+1 \end{bmatrix}^{-1} \begin{bmatrix} x_A \\ y_A \end{bmatrix} \bmod \begin{bmatrix} N \\ M \end{bmatrix} \tag{7-18}$$

3）将图像 I' 的像素点 (x_A, y_A+1)、(x_A+1, y_A)、(x_A+1, y_A+1) 分别变换为 (x'_A, y'_A+1)、(x'_A+1, y'_A)、(x'_A+1, y'_A+1)。

对篡改定位图像 I^{cloud}_{locate} 所有的独立图像块重复步骤 1）~3），得到篡改定位图像的 Arnold 解密图像 $I^{location}_{locate}$，然后在本地进行第 2、3 层篡改检测。

第 2 层检测中，将篡改定位图像 $I^{location}_{locate}$ 划分为互不重叠的 4×4 像素的独立图像块，再将每一个独立图像块分为 4 个 2×2 像素的图像块。检测每个 4×4 像素的独立图像块中是否存在篡改标记的 2×2 像素的独立图像块，若存在，则对当前 4×4 像素的独立图像块进行篡改标记操作，得到篡改定位图像 $I^{location'}_{locate}$。

第 3 层检测中，将进行过两次检测的篡改定位图像 $I^{location'}_{locate}$ 划分为 4×4 像素的互不重叠的图像块，对每一个图像块进行搜索。如果图像块未做篡改标记，并且其周围 8 块图像块有 5 块或 5 块以上的图像块有篡改标记，则将此图像块进行篡改标记操作，最后得到最终定位图像 $I^{location'}_{locate}$。

7.3.4 基于分块的篡改恢复

经过上述篡改检测和定位之后,得到篡改定位图像和原始图像,此时所有遭受篡改的图像块均被标记。因此,需要恢复被篡改定位图像标记的图像块,其他图像块则保持不变。进行篡改恢复之前,密文图像需要密钥解密成明文图像后再进行篡改恢复操作,具体流程如图 7-15 所示。

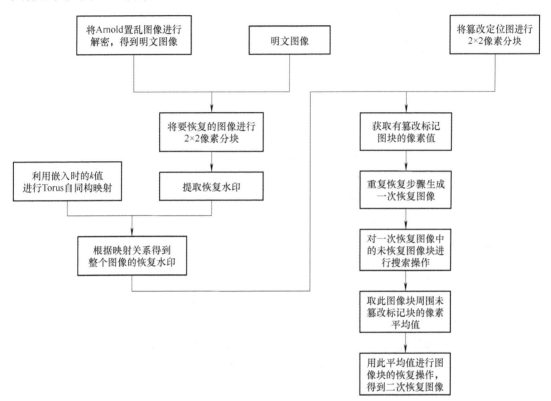

图 7-15 篡改图像恢复流程

假设图像块 B' 有篡改标记,其中在水印嵌入过程中,图像块 B' 的灰度特征是嵌入图像块 C' 中的。下面以图像块 B' 为例,进行恢复操作。

1)根据水印嵌入时 Torus 自同构变换的密钥 k 和下列公式计算并定位图像块 C':

$$X' = [f(x) = (k \times X) \bmod N] + 1 \quad (7\text{-}19)$$

2)若图像块 C' 无篡改标记,则根据水印嵌入过程逆向提取 6 bit 恢复水印 r,将 r 进行最后补 0 至 8bit,得到 r',则 r' 为图像块 B' 的灰度特征。

3)将图像块 B' 的像素值用 r' 进行替换,得到恢复图像块。

4)若图像块 C' 有篡改标记,则暂不进行图像块 B' 的恢复操作。

对待恢复图像的每一个篡改标记过的图像块重复上述步骤 1)~4),得到恢复图像 I_{recover}。得到篡改恢复图像 I_{recover} 后,对第一遍操作未恢复的图像块进行恢复。假设图像块 B' 还未被恢复,则进行下列操作。

1)计算图像块 B' 周围 8 个图像块的灰度平均值 $B'_{1\_avg}, B'_{2\_avg}, \cdots, B'_{8\_avg}$。

2）计算图像块 B' 周围 8 个图像块中已经恢复或者未被标记篡改的图像块的平均值，并计算它们的灰度平均值。例如，图像块 B' 周围 8 个图像块中已经被恢复或未被篡改的图像块的平均值为 $B'_{1\_avg}, B'_{2\_avg}, B'_{5\_avg}, B'_{7\_avg}, B'_{8\_avg}$，则计算这些平均值的平均值 $B'_{avg} = (B'_{1\_avg} + B'_{2\_avg} + B'_{5\_avg} + B'_{7\_avg} + B'_{8\_avg})/5$。

3）将图像块 B' 的所有像素值用 B'_{avg} 代替。

对每一个未恢复图像块进行上述操作 1）～3），从而得到最终的恢复图像 $I'_{recover}$。

7.4 实验和分析

图像在篡改恢复后，图像恢复质量如果只依靠人眼来评价不够客观，需要用图像质量的下降程度来进行客观定量的表示。本章利用的图像质量评价指标有 PSNR 和 SSIM。

实验采用了 512×512 像素的 8bit 灰度图像 Peppers、Lena、Baboon，纹理图像 Leather、Plastic、Straw 和遥感图像 Downtown、Island、Shelter 作为测试图像，采用图像的 PSNR 以及 SSIM 来衡量本章算法的篡改定位能力以及篡改恢复能力，并对含水印图像进行了剪切攻击、擦除攻击、粘贴攻击、仿制攻击、文字攻击以及置乱攻击等，来进行本章算法的安全性以及恢复效果优越性的讨论。

7.4.1 图像质量的衡量

任何应用于图像的处理都可能会导致重要信息丢失或质量损失，而主观方法是基于人的判断和操作而不参照明确的标准。为了准确地衡量图像质量，本章利用图像的 PSNR 和 SSIM 来进行图像质量的衡量[167]。

图 7-16 分别为 lena、peppers、plane 以及 baboon 原始图像，以及嵌入水印后的图像。如表 7-1 所示，与文献[150]所用方法相比，依据上面方法在嵌入水印后的 PSNR 上升 2～3dB，因此本章算法在嵌入水印的不可见性方面有较大的优越性。

a) lena

b) peppers

c) plane

d) baboon

e) lena（嵌入水印后）
PSNR=47.1652 **SSIM**=0.9795

f) peppers（嵌入水印后）
PSNR=47.1084 **SSIM**=0.9825

g) plane（嵌入水印后）
PSNR=47.2991 **SSIM**=0.9777

h) baboon（嵌入水印后）
PSNR=47.5303 **SSIM**=0.9930

图 7-16 图像不可见性测试

表 7-1　图像 PSNR 比较

图像	lena	peppers	plane	baboon
本章算法	47.16	47.10	47.29	47.53
文献[150]算法	44.79	44.51	44.86	44.95
文献[168]算法	33.48	33.59	33.74	33.87

7.4.2　篡改定位和恢复

1. 剪切攻击测试与分析

图 7-17 为剪切攻击仿真结果，其中图 7-17b、f、j、n 为受到剪切攻击后的篡改图像，图 7-17c、g、k、o 为对应的篡改定位结果，图 7-17d、h、l、p 为恢复结果。

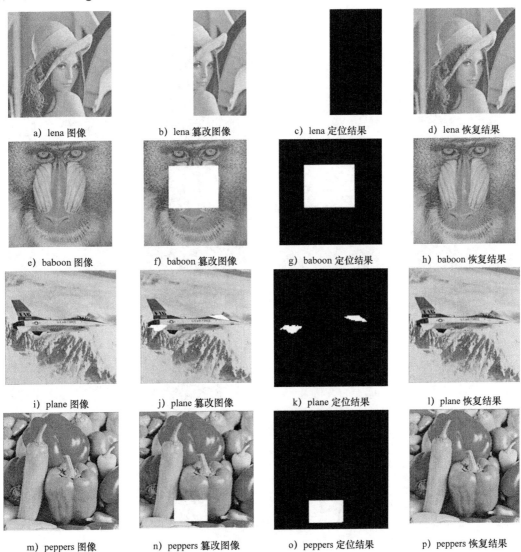

a) lena 图像　　b) lena 篡改图像　　c) lena 定位结果　　d) lena 恢复结果

e) baboon 图像　　f) baboon 篡改图像　　g) baboon 定位结果　　h) baboon 恢复结果

i) plane 图像　　j) plane 篡改图像　　k) plane 定位结果　　l) plane 恢复结果

m) peppers 图像　　n) peppers 篡改图像　　o) peppers 定位结果　　p) peppers 恢复结果

图 7-17　剪切攻击仿真结果

本章算法在抵抗剪切攻击方面具有无比的优越性，其图像恢复效果如表 7-2 所示。

表 7-2　剪切攻击图像恢复效果

图像	lena	baboon	plane	peppers
PSNR	35.5592	39.1158	49.8609	45.7648
SSIM	0.8925	0.9563	0.9981	0.9879

2. 篡改攻击测试与分析

由图 7-18 所示的仿真结果可以看出，图 7-18b 为擦除攻击的篡改图像，图 7-18f 和图 7-18n 为受到粘贴攻击后的篡改图像，图 7-18j 为受到仿制攻击的篡改图像，图 7-18c、g、k、o 分别为对应的篡改定位结果，图 7-18d、h、l、p 为恢复结果。由图 7-18 可以看出，本章算法在抵抗粘贴、擦除、仿制攻击方面具有很强的优越性，其中图像恢复效果如表 7-3 所示。

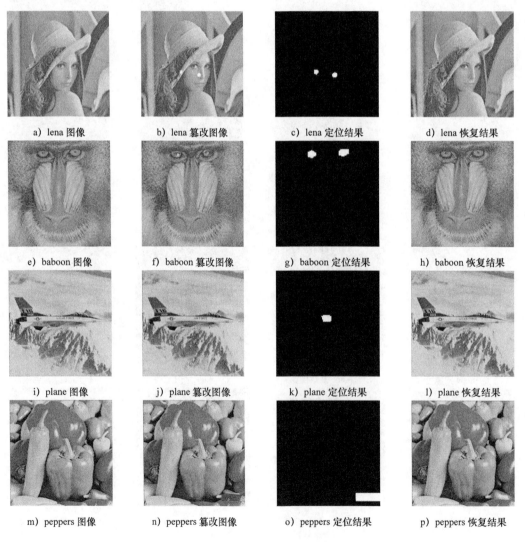

a) lena 图像　　b) lena 篡改图像　　c) lena 定位结果　　d) lena 恢复结果

e) baboon 图像　　f) baboon 篡改图像　　g) baboon 定位结果　　h) baboon 恢复结果

i) plane 图像　　j) plane 篡改图像　　k) plane 定位结果　　l) plane 恢复结果

m) peppers 图像　　n) peppers 篡改图像　　o) peppers 定位结果　　p) peppers 恢复结果

图 7-18　篡改攻击仿真结果

表 7-3　篡改攻击图像恢复效果

图像	lena	baboon	plane	peppers
PSNR	58.4189	50.7545	53.2910	49.6337
SSIM	0.9996	0.9979	0.9989	0.9970

3．文字攻击测试与分析

由图 7-19 所示的仿真结果可以看出，图 7-19b、f、j、n 为受到文字攻击后的篡改图像，图 7-19c、g、k、o 分别为对应的篡改定位结果，图 7-19d、h、l、p 为恢复结果。由图 7-19 可以看出，本章算法在抵抗文字攻击方面具有无比的优越性，其中图像恢复效果如表 7-4 所示。

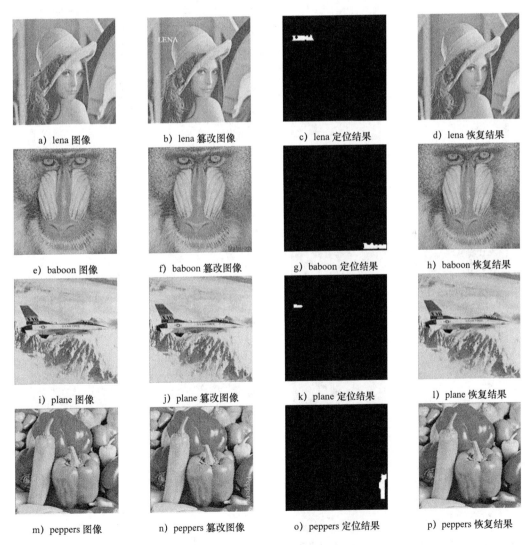

图 7-19　文字攻击仿真结果

表 7-4　文字攻击图像恢复效果

图像	lena	baboon	plane	peppers
PSNR	35.5592	39.1158	49.8609	45.7648
SSIM	0.8925	0.9563	0.9981	0.9879

4．Arnold 置乱图像测试与分析

本章在文献[150]的基础上，创新性地提出了对置乱图像进行篡改定位的方法。本章算法可以在置乱图像上直接进行篡改定位，并且相比较明文图像而言具有相同的篡改定位和恢复能力。其具体实验结果如图 7-20 所示，其中图像恢复效果如表 7-5 所示。

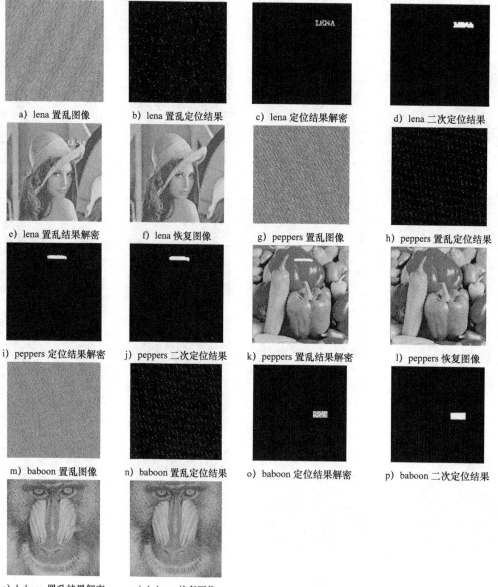

a) lena 置乱图像　　b) lena 置乱定位结果　　c) lena 定位结果解密　　d) lena 二次定位结果

e) lena 置乱结果解密　　f) lena 恢复图像　　g) peppers 置乱图像　　h) peppers 置乱定位结果

i) peppers 定位结果解密　　j) peppers 二次定位结果　　k) peppers 置乱结果解密　　l) peppers 恢复图像

m) baboon 置乱图像　　n) baboon 置乱定位结果　　o) baboon 定位结果解密　　p) baboon 二次定位结果

q) baboon 置乱结果解密　　r) baboon 恢复图像

图 7-20　Arnold 置乱图像仿真结果

表 7-5　Arnold 置乱图像恢复效果

图像	lena	baboon	peppers
PSNR	46.5037	45.7986	46.4860
SSIM	0.9787	0.9900	0.9811

本章小结

本章提出了一种用于明文图像和置乱图像内容认证、篡改定位与恢复的半脆弱图像数字水印算法。

本章采用分层思想进行篡改定位，具有较好的抗剪切攻击能力，并且增加了一个恢复水印，设计了两类水印信息，一是认证水印，用于篡改定位；二是恢复水印，用于篡改恢复，这两类水印共 8 bit。其中，认证水印为奇偶校验码和块与子块之间灰度平均值的比较结果，恢复水印为环面自同构映射块的平均灰度值。

嵌入算法采用著名的空间域 LSB 算法，将水印信息嵌入原始图像所有像素的 2 bit LSB，目的是提高篡改恢复效果，算法实现原理简单，定位精确度高，篡改恢复效果好。

本章分 3 层对水印进行检测和篡改定位。如果某些篡改在第 1 层未被精确定位，那么在第 2 层和第 3 层检测可完全定位出篡改位置。因此，该算法具有较高的篡改定位精度和良好的恢复效果。本章算法经过实验验证可以检测出图像中篡改内容的位置，并且可以对篡改内容进行有效的恢复，同时能有效抵抗矢量量化攻击。

本章可以在置乱条件下直接对篡改图像进行篡改定位。这种在不泄露明文图像信息的情况下进行篡改定位的方法，极大地提高了图像的隐私性和安全性。

参 考 文 献

[1] MOULIN P, MIHCAK M K. A framework for evaluating the data-hiding capacity of image sources [J]. IEEE Transactions on Image Processing, 2002, 11(9): 1029-1042.

[2] JOHNSON N F, JAJODIA S. Steganalysis: The investigation of hidden information[C]. Information Technology Conference, 1998: 113-116.

[3] QI D, ZOU J, HAN X. A new class of scrambling transformation and its application in the image information covering [J]. Science in China Series E: Technological Sciences, 2000, 43(3): 304-312.

[4] SIMMONS G J. The prisoners' problem and the subliminal channel [C]. Advances in Cryptology. New York: Springer US, 1984: 51-67.

[5] 刘智涛. 基于信息隐藏技术研究综述[J]. 工业仪表与自动化装置, 2015(3): 13-15.

[6] 陈威兵, 杨高波, 陈日超, 等. 数字视频真实性和来源的被动取证[J]. 通信学报, 2011, 32(6): 177-183.

[7] 舒后, 杨潮, 何薇. 基于文本内容的数字水印算法的设计与实现[J]. 计算机工程与设计, 2008, 29(5): 1299-1302.

[8] FENG B, WANG Z H, WANG D, et al. A novel, reversible, Chinese text information hiding scheme based on lookalike traditional and sim-plified Chinese characters[J]. KSII Transactions on Internet & Infor-mation Systems, 2014, 8(1): 269-281.

[9] KAMARUDDIN N S, KAMSIN A, POR L Y, et al. A review of text watermarking: theory, methods and applications[J]. IEEE Access, 2018, 6(1): 8011-8028.

[10] 林新建, 唐向宏, 王静. 编码与同义词替换结合的可逆文本水印算法[J].中文信息学报, 2015, 29(4): 151-158.

[11] MOULIN P, MIHCAK M K. The parallel-gaussian watermarking game [J]. IEEE Transactions on Information Theory, 2004, 50(2): 272-289.

[12] MOULIN P, O'SULLIVAN J A. Information-theoretic analysis of information hiding [J]. IEEE Transactions on Information Theory, 2003, 49(3): 563-593.

[13] CHIANG Y L, CHANG L P, HSIEH W T, et al. Natural language watermarking using semantic substitution for Chinese text[M]. Berlin: Springer-Verlag, 2004.

[14] ATALLAH M J, RASKIN V, CROGAN M, et al. Natural language watermarking: Design, analysis, and a proof-of-concept implementation[C]. Berlin: Springer Verlag, 2001.

[15] VYBORNOVA O, MACQ B. Natural language watermarking and robust hashing based on presuppositional analysis[C]. IEEE International Conference on Information Reuse and Integration, 2007: 177-182.

[16] KIM J, KIM N, LEE D, et al. Watermarking two dimensional data object identifier for authenticated distribution of digital multimedia contents[J]. Signal Processing: Image Communication, 2010, 25(8): 559-576.

[17] BHATNAGAR G, RAMAN B, WU Q M J. Robust watermarking using fractional wavelet packet transform [J]. IET image processing, 2012, 6(4): 386-397.

[18] LV L, FAN H, WANG J, et al. A semi-fragile watermarking scheme for image tamper localization and recovery [J]. Journal of Theoretical and Applied Information Technology, 2012, 42(2): 287-291.

[19] QIN C, CHANG C C, CHEN P Y. Self-embedding fragile watermarking with restoration capability based on adaptive bit allocation mechanism [J]. Signal Processing, 2012, 92(4): 1137-1150.

[20] NATGUNANATHAN I, XIANG Y, RONG Y, et al. Robust patchwork-based embedding and decoding scheme for digital audio watermarking [J]. IEEE Transactions on Audio, Speech, and Language Processing, 2012, 20(8): 2232-2239.

[21] NISHIMURA R. Audio watermarking using spatial masking and ambisonics [J]. IEEE Transactions on Audio, Speech, and Language Processing, 2012, 20(9): 2461-2469.

[22] YANG G, LI J, HE Y, et al. An information hiding algorithm based on intra-prediction modes and matrix coding for H. 264/AVC video stream [J]. AEU-International Journal of Electronics and Communications, 2011, 65(4): 331-337.

[23] ESEN E, ALATAN A A. Robust video data hiding using forbidden zone data hiding and selective embedding [J]. IEEE Transactions on Circuits and Systems for Video Technology, 2011, 21(8): 1130-1138.

[24] MOUSA H, MOUSTAFA K, ABDEL-WAHED W, et al. Data hiding based on contrast mapping using DNA medium[J]. The International Arab Journal of Information Technology, 2011, 8(2): 147-154.

[25] SHIMANOVSKY B, FENG J, POTKONJAK M. Hiding data in DNA[C]. Berlin: Springer-Verlog, 2003: 373-386.

[26] SHIU H J, NG K L, FANG J F, et al. Data hiding methods based upon DNA sequences [J]. Information Sciences, 2010, 180(11): 2196-2208.

[27] KOHN D. The Codebreakers: The story of secret writing [M]. New York: The Macmillan Company, 1996: 789-812.

[28] NEWMAN B. Secrets of German Espionage [M]. London: Robert Hale Ltd, 1940.

[29] DAVID K. The codebreakers: the story of secret writing [M]. London: Macmillan Publishers Limited, 1966.

[30] MARVEL L M, BONCELET J C G, RETTER C T. Reliable blind information hiding for images[C]. Berlin: Springer-Verlog, 1998: 48-61.

[31] MARVEL L M, BONCELET J C G, RETTER C T. Spread spectrum image steganography [J]. IEEE Transactions on Image Processing, 1999, 8(8): 1075-1083.

[32] 叶天语. 信息隐藏理论与算法研究[D]. 北京: 北京邮电大学, 2009.

[33] 孔祥维. 信息安全中的信息隐藏理论和方法研究[D]. 大连: 大连理工大学, 2003.

[34] VAN S R G, TIRKEL A Z, Osborne C F. A digital watermark [C]. IEEE International Conference on Image Processing, 1994, 2: 86-90.

[35] FRIDRICH J, GOLJAN M, DU R. Detecting LSB Steganography in Color and Gray Scale Images[C]. IEEE Multimedia, 2001:22-23.

[36] 张新鹏, 王朔中, 张开文. 基于统计特性的LSB密写分析[J]. 应用科学学报, 2004, 22（1）: 16-19.

[37] BENDER W, GRUHL D, Morimoto N, et al. Techniques for data hiding[J]. IBM System Journal, 1996, 35(3): 313-336.

[38] OH H O, SEOK J W, HONG J W, et al. New echo embedding technique for robust and imperceptible audio watermarking[C]. Acoustics, Speech, and Signal Processing, 2001 IEEE International Conference, 2003: 1341-1344.

[39] SUI X G, LUO H. A new steganography method based on HyPertext [C].In:Proc of Asia-Pacific Radio Science Conference, Qingdao, 2004: 181-184.

[40] 舒天泽. 自适应鲁棒可逆水印算法研究[D]. 西安: 西安电子科技大学, 2018.

[41] LEE Y K, CHEN L H. High capacity image steganographic model [J]. IEE Proceedings-Vision, Image and Signal Processing, 2000, 147(3): 288-294.

[42] COX I J, KILIAN J, LEIGHTON F T, et al. Secure spread spectrum watermarking for multimedia [J]. IEEE Transactions on Image Processing, 1997, 6(12): 1673-1687.

[43] KUNDUR D, HATZINAKOS D. Digital watermarking for telltale tamper proofing and authentication [J]. Proceedings of the IEEE, 1999, 87(7): 1167-1180.

[44] LOW S H, MAXEMCHUK N F, BRASSIL J T, et al. Document marking and identification using both line and word shifting [C]. Fourteenth Annual Joint Conference of the IEEE Computer and Communications Societies, 1995(1): 853-860.

[45] SIMITOPOULOS D, TSAFTARIS S A, BOULGOURIS N V, et al. Compressed-domain video watermarking of MPEG streams[C]. IEEE International Conference on Multimedia and Expo, 2002, 1: 569-572.

[46] HARTUNG F, GIROD B. Watermarking of uncompressed and compressed video [J]. Signal processing, 1998, 66(3): 283-301.

[47] KUTTER M, BHATTACHARJEE S K, EBRAHIMI T. Towards second generation watermarking schemes[C]. International Conference on Image Processing, 1999, 1: 320-323.

[48] RUANAIDH J J K, PUN T. Rotation, scale and translation invariant spread spectrum digital image watermarking [J]. Signal processing, 1998, 66(3): 303-317.

[49] LIN C Y, CHANG S F. Distortion modeling and invariant extraction for digital image print-and-scan process[C]. Taipei: International Symposium on Multimedia Information Processing, 1999.

[50] 牛少彰, 钮心忻, 杨义先, 等. 半色调图像中数据隐藏算法[J]. 电子学报, 2004, 32(7): 1180-1183.

[51] BARRETO P S L M, KIM H Y, RIJMEN V. Toward secure public-key blockwise fragile authentication watermarking [J]. IEE Proceedings-Vision, Image and Signal Processing, 2002, 149(2): 57-62.

[52] LIN C Y, CHANG S F. A robust image authentication method distinguishing JPEG compression from malicious manipulation[J]. IEEE Transactions on Circuits and Systems for Video Technology, 2001, 11(2): 153-168.

[53] 张鸿宾, 杨成. 图像的自嵌入及窜改的检测和恢复算法[J]. 电子学报, 2004, 32(2): 196-199.

[54] 王婷, 刘江, 王希常. 一种用于版权保护的数字图像双水印算法[J]. 计算机应用, 2007, 27(1): 240-241.

[55] KHAN A, MALIK S A, ALI A, et al. Intelligent reversible watermarking and authentication: Hiding depth map information for 3D cameras [J]. Information Sciences, 2012(216): 155-175.

[56] BHATTACHARYA S, CHATTOPADHYAY T, PAL A. A survey on different video watermarking techniques and comparative analysis with reference to H. 264/AVC[C]. IEEE Tenth International Symposium on Consumer Electronics, 2006.

[57] ALATTAR A M, LIN E T, CELIK M U. Digital watermarking of low bit-rate advanced simple profile MPEG-4 compressed video[J]. IEEE Transactions on Circuits and Systems for Video Technology, 2003, 13(8): 787-800.

[58] STAMM M C, LIN W S, LIU K J R. Temporal forensics and anti-forensics for motion compensated video[J]. IEEE Transactions on Information Forensics and Security, 2012, 7(4): 1315-1329.

[59] LIU C L. Introduction to combinatorial mathematics [M]. New York: McGraw-Hill, 1968.

[60] SHAMIR A. How to share a secret [J]. Communications of the ACM, 1979, 22(11): 612-613.

[61] BLAKLEY G R. Safeguarding cryptographic keys[C]. International Workshop on Managing Requirements Knowledge, 1899: 313-313.

[62] MIGNOTTE M. How to share a secret [M]. Berlin: Springer-Verlag 1983.

[63] ASMUTH C, BLOOM J. A modular approach to key safeguarding [J]. IEEE Transactions on Information Theory, 1983, 30(2): 208-210.

[64] KARNIN E D, GREENE J, HELLMAN M E. On secret sharing systems [J]. IEEE Transactions on Information Theory, 1983, 29(1): 35-41.

[65] CHOR B, GOLDWASSER S, MICALI S, et al. Verifiable secret sharing and achieving simultaneity in the presence of faults[C]. 54th Annual Symposium on Foundations of Computer Science, 1985: 383-395.

[66] PEDERSEN T P. Non-interactive and information-theoretic secure verifiable secret sharing[C]. Advances in Cryptology—CRYPTO. Berlin:Springer-Verlag, 1992: 129-140.

[67] WU T C, WU T S. Cheating detection and cheater identification in secret sharing schemes[C]. IET Computers and Digital Techniques , 1995, 142(5): 367-369.

[68] STADLER M. Publicly verifiable secret sharing[C]. Advances in Cryptology—EUROCRYPT'96. Berlin: Springer-Verlag, 1996: 190-199.

[69] SCHOENMAKERS B. A simple publicly verifiable secret sharing scheme and its application to electronic voting[C]. Advances in Cryptology—CRYPTO. Berlin: Springer-Verlag, 1999: 148-164.

[70] ITO M, SAITO A, NISHIZEKI T. Secret sharing scheme realizing general access structure [J]. Electronics and Communications in Japan, 1989, 72(9): 56-64.

[71] BENALOH J, LEICHTER J. Generalized secret sharing and monotone functions[C]. Proceedings on Advances in cryptology. New York: Springer-Verlag, 1990: 27-35.

[72] HWANG R J, CHANG C C. An on-line secret sharing scheme for multi-secrets [J]. Computer Communications, 1998, 21(13): 1170-1176.

[73] TAN K J, ZHU H W. General secret sharing scheme [J]. Computer Communications, 1999, 22(8): 755-757.

[74] OSTROVSKY R, YUNG M. How to withstand mobile virus attacks[C]. ACM symposium on Principles of distributed computing, 1991: 51-59.

[75] HERZBERG A, JARECKI S, KRAWCZYK H, et al. Proactive secret sharing or: How to cope with perpetual leakage[M]. Berlin: Springer-Verlag, 1995.

[76] XU C X, WEI S, XIAO G. A secret sharing scheme with periodic renewing to identify cheaters [J]. Chinese Journal of Computers, 2002, 25(6): 657-660.

[77] 郭渊博, 马建峰. 异步及不可靠链路环境下的先应式秘密共享[J]. 电子学报, 2004, 32(3): 399-403.

[78] ZHOU L, SCHNEIDER F B, VAN R R. APSS: Proactive secret sharing in asynchronous systems [J].

ACM Transactions on Information and System Security, 2005, 8(3): 259-286.

[79] SCHULTZ D, LISKOV B, LISKOV M. MPSS: Mobile proactive secret sharing [J]. ACM Transactions on Information and System Security, 2010, 13(4): 34.

[80] HE J, DAWSON E. Multistage secret sharing based on one-way function[J]. Electronics Letters, 1994, 30(19): 1591-1592.

[81] CHIEN H Y, JINN-KE J A N, TSENG Y M. A practical (t, n) multi-secret sharing scheme [J]. IEICE Transactions on fundamentals of electronics, communications and computer sciences, 2000, 83(12): 2762-2765.

[82] YANG C C, CHANG T Y, HWANG M S. A (t, n) multi-secret sharing scheme [J]. Applied Mathematics and Computation, 2004, 151(2): 483-490.

[83] HARN L. Efficient sharing (broadcasting) of multiple secrets [J]. IEE Proceedings-Computers and Digital Techniques, 1995, 142(3): 237-240.

[84] SHAO J, CAO Z. A new efficient (t, n) verifiable multi-secret sharing (VMSS) based on YCH scheme [J]. Applied Mathematics and Computation, 2005, 168(1): 135-140.

[85] CHEN L, GOLLMANN D, MITCHELL C J, et al. Secret sharing with reusable polynomials[C]. Information Security and Privacy. Berlin: Springer-Verlag, 1997: 183-193.

[86] DEHKORDI M H, MASHHADI S. An efficient threshold verifiable multi-secret sharing [J]. Computer Standards & Interfaces, 2008, 30(3): 187-190.

[87] NAOR M, SHAMIR A. Visual cryptography[C]. Advances in Cryptology—EUROCRYPT. Berlin: Springer-Verlag, 1995: 1-12.

[88] LUKAC R, PLATANIOTIS K N. A cost-effective encryption scheme for color images [J]. Real-Time Imaging, 2005, 11(5): 454-464.

[89] LUKAC R, PLATANIOTIS K N. A secret sharing scheme for image encryption[C]. Procedings Elmar, 46th International Symposium Electronics in Marine, Florida, USA, 2004: 549-554.

[90] ATENIESE G, BLUNDO C, dE S A, et al. Constructions and bounds for visual cryptography[M]. Berlin: Springer-Verlag, 1996: 416-428.

[91] YANG C N. New visual secret sharing schemes using probabilistic method [J]. Pattern Recognition Letters, 2004, 25(4): 481-494.

[92] CIMATO S, DE P R, DE S A. Probabilistic visual cryptography schemes [J]. The Computer Journal, 2006, 49(1): 97-107.

[93] BLUNDO C, DE B A, DE S A. Improved schemes for visual cryptography [J]. Designs, Codes and Cryptography, 2001, 24(3): 255-278.

[94] KRAUSE M, SIMON H U. Determining the optimal contrast for secret sharing schemes in visual cryptography[J]. Combinatorics, Probability and Computing, 2003, 12(03): 285-299.

[95] CHEN L H, WU C C. A study on visual cryptography [D]. Taipei: Chiao Tung University, 1998.

[96] CHEN J, CHEN T S, HSU H C, et al. Using multi-ringed shadow image of visual cryptography to hide more secret messages[J]. The Imaging Science Journal, 2009, 57(2): 101-108.

[97] SHYU S J, HUANG S Y, LEE Y K, et al. Sharing multiple secrets in visual cryptography[J]. Pattern Recognition, 2007, 40(12): 3633-3651.

[98] THIEN C C, LIN J C. Secret image sharing [J]. Computers & Graphics, 2002, 26(5): 765-770.

[99] WANG R Z, SU C H. Secret image sharing with smaller shadow images [J]. Pattern Recognition Letters, 2006, 27(6): 551-555.

[100] THIEN C C, LIN J C. An image-sharing method with user-friendly shadow images [J]. IEEE Transactions on Circuits and Systems for Video Technology, 2003, 13(12): 1161-1169.

[101] LIN C C, TSAI W H. Secret image sharing with steganography and authentication [J]. Journal of Systems and Software, 2004, 73(3): 405-414.

[102] YANG C N, CHEN T S, YU K H, et al. Improvements of image sharing with steganography and authentication[J]. Journal of Systems and Software, 2007, 80(7): 1070-1076.

[103] LIN P Y, LEE J S, CHANG C C. Distortion-free secret image sharing mechanism using modulus operator[J]. Pattern Recognition, 2009, 42(5): 886-895.

[104] LIN P Y, CHEN C S. Invertible secret image sharing with steganography [J]. Pattern Recognition Letters, 2010, 31(13): 1887-1893.

[105] GUO C, CHANG C C, QIN C. A multi-threshold secret image sharing scheme based on MSP [J]. Pattern Recognition Letters, 2012, 33(12): 1594-1600.

[106] KAFRI O, KEREN E. Encryption of pictures and shapes by random grids [J]. Optics letters, 1987, 12(6): 377-379.

[107] MARTÍN D R A, MATEUS J P, SÁNCHEZ G R. A secret sharing scheme based on cellular automata [J]. Applied mathematics and computation, 2005, 170(2): 1356-1364.

[108] WANG Z H, GUO C, CHANG C C. A novel (n, n) secret image sharing scheme based on Sudoku [J]. Journal of Electronic Science and Technology, 2013, 11(1): 44-50.

[109] CHAPMAN M, DAVIDA G. Hiding the hidden: A software system for concealing ciphertext as innocuous text [J]. Information and Communications Security, 1997(1334): 335-345.

[110] MAHER K. TEXTO[CP]. ftp://ftp.funet.fi/pub/crypt/steganography/texto.tar.gz.

[111] GE X, JIAO R, TIAN H, et al. Research on Information Hiding[J]. US-China Education Review, 2006(5): 77-81.

[112] SUN X, LUO G, HUANG H. Component-based digital watermarking of Chinese texts[C]. Proceedings of the 3rd international conference on Information security, ACM New York, 2004: 76-81.

[113] WANG Z H, CHANG C C, LIN C C, et al. A reversible information hiding scheme using left－right and up－down Chinese character representation [J]. Journal of Systems and Software, 2009, 82(8): 1362-1369.

[114] SUN X, CHEN H, YANG L, et al. Mathematical representation of a Chinese character and its applications[J]. International Journal of Pattern Recognition and Artificial Intelligence, 2002, 16(6): 735-747.

[115] LEIER A, RICHTER C, BANZHAF W, et al. Cryptography with DNA binary strands[J]. BioSystems, 2000 (57): 13－22.

[116] MOUSA H, MOUSTAFA K, ABDEL W W, et al. Data hiding based on contrast mapping using NDA medium[J]. The International Arab Journal of Information Technology, 2011, 8(2): 147-154.

[117] MA C, DING X. Proactive verifiable linear integer secret sharing scheme [M]. Berlin: Springer-Verlag, 2009.

[118] DAMGARD I, THORBEK R. Linear integer secret sharing and distributed exponentiation [M] Berlin: Springer-Verlag, 2006.

[119] LI H X, CHENG C T, PANG L J. A new (t, n)-threshold multi-secret sharing scheme [M] Berlin: Springer-Verlag, 2005.

[120] ZHAO J, ZHANG J, ZHAO R. A practical verifiable multi-secret sharing scheme [J]. Computer Standards & Interfaces, 2007, 29(1): 138-141.

[121] GUO C, CHANG C C, QIN C. A hierarchical threshold secret image sharing [J]. Pattern Recognition Letters, 2012, 33(1): 83-91.

[122] BARTON J M. Method and apparatus for embedding authentication information within digital data : USA, 5912972[P]. 1999.

[123] HONSINGER C W, JONES P W, RABBANI M, et al. Lossless recovery of an original image containing embedded data : USA, 6278791[P]. 2001.

[124] 温景阳. 图像大容量、低失真可逆信息隐藏技术研究[D]. 兰州: 兰州大学, 2015.

[125] FRIDRICH J, GOLJAN M, DU R. Invertible authentication[C] // SPIE Proceedings, 2001(4314): 197-208.

[126] FRIDRCH J, GOLJAN M, DU R. Lossless data embedding - new paradigm in digital watermarking[J]. EURASIP Journal on Applied Signal Processing, 2002(2002) : 185-196.

[127] KALKER T, WILLEMS F M. Capacity bounds and constructions for reversible data-hiding[C] // DSP 2002: proceedings of the Fourteenth International Conference on Digital Signal Processing, 2002(1): 71-76.

[128] CELIK U C, SHARMA G, TEKALP A M, et al. Lossless generalized-LSB data embedding[J]. IEEE Transactions on Image Processing, 2005, 14(2): 253-266.

[129] CELIK M U, SHARMA G, TEKALP A M. Lossless watermarking for image authentication: a new framework and an implementation[J]. IEEE Transactions on Image Processing, 2006, 15(4) : 1042-1049.

[130] WANG X, LI X, YANG B, et al. Efficient generalized integer transform for reversible watermarking[J]. IEEE Signal Processing Letters, 2010, 17(6): 567-570.

[131] CHEN C C, TSAI Y H. Adaptive reversible image watermarking scheme[J]. Journal of Systems and Software, 2011, 84(3): 428-434.

[132] HONG W, CHEN T S. A local variance-controlled reversible data hiding method using prediction and histogram-shifting[J]. Journal of Systems and Software, 2010, 83(12): 2653-2663.

[133] ARSALAN M, MALIK S A, KHAN A. Intelligent reversible watermarking in integer wavelet domain for medical images[J]. Journal of Systems and Software, 2012, 85(4): 883-894.

[134] HONG W, CHEN T S, SHIU C W. Reversible data hiding for high quality images using modification of prediction errors[J]. The Journal of System and Software, 2009, 82(11): 1833-1842.

[135] WENG S W, ZHAO Y, NI R R, et al. Lossless data hiding based on prediction-error adjustment[J]. Sci China Series F‐Information Sci, 2009, 52(2): 269-275.

[136] LEUNG H Y, CHENG L M, LIU F, et al. Adaptive reversible data hiding based on block median preservation and modification of prediction errors[J]. Journal of Systems and Software, 2013(86): 2204-2219.

[137] NI Z, SHI Y Q, ANSARI N. Reversible data hiding [J]. IEEE Transactions on Circuits and Systems for Video Technology, 2006, 16(3): 354-362.

[138] LIN C C, TAI W L, CHANG C C. Multilevel reversible data hiding based on histogram modification of difference images[J]. Pattern Recognition, 2008, 41(12): 3582-3591.

[139] LI Y C, YEH C M, CHANG C C. Data hiding based on the similarity between neighboring pixels with reversibility[J]. Digital Signal Processing, 2010, 20(4): 1116-1128.

[140] ZHAO Z, LUO H, LU Z M, et al. Reversible data hiding based on multilevel histogram modification and sequential recovery[J]. AEU-International Journal of Electronics and Communications, 2011, 65(10): 814-826.

[141] WANG X T, CHANG C C, NGUYEN T S, et al. Reversible data hiding for high quality images exploiting interpolation and direction order mechanism[J]. Digital Signal Processing, 2013(23): 569-577.

[142] PEI Q Q, WANG X, LI Y, et al. Adaptive reversible watermarking with improved embedding capacity[J]. Journal of Systems and Software, 2013, 86(11): 2841-2848.

[143] 李明, 廖晓峰. 结合混沌的小波变换数字水印技术[J]. 计算机科学, 2007, 34(8): 245-247.

[144] 唐巍, 李殿璞, 陈学允. 混沌理论及其应用研究[J]. 电力系统自动化, 2000, 24(7): 67-70.

[145] 陈亮, 刘惠文, 邓小鸿. 基于整数小波变换的数字图像可逆水印算法[J]. 计算机应用与软件, 2016, 33(4): 286-291.

[146] 李凯, 张婷. Logistic 映射在数字图像加密算法中的应用[J]. 信息通信, 2017(1): 139-140.

[147] 黄应清, 季向琦, 张智诠. 图像小波系数的分布规律及其对图像质量的影响[J]. 红外与激光工程, 2000, 29(3): 15-18.

[148] 李躲. 基于图像块自适应分类的篡改区域定位和恢复水印算法研究[D]. 赣州: 江西理工大学, 2018.

[149] WALTON. Information authentication for a slippery new age[J]. Dr, Dobbs Journal, 1995, 20(4): 18-26.

[150] 刘泉, 江雪梅. 用于图像篡改定位和恢复的分层半脆弱数字水印算法[J]. 通信学报, 2007(7): 104-110.

[151] 李子臣, 宋培非, 丁海洋. 基于ＤＷＴ具有篡改定位的半脆弱水印算法[J]. 信息安全研究, 2019, 5(2): 162-166.

[152] DADKHAH S, MANAF A A, Sadeghi S. An efficient image self-recovery and tamper detection using fragile watermarking[C]//International Conference Image Analysis and Recognition. Springer International Publishing, 2014: 504-513.

[153] 张君捧, 张庆范, 杨红娟. 基于块特征和混沌序列的图像篡改检测与恢复[J]. 山东大学学报（工学版）, 2014, 44(6): 63-69.

[154] LUO T, JIANG G, YU M, et al. Stereo matching based stereo image watermarking for tamper detection and recovery[J]. International Journal of Computational Intelligence Systems, 2014, 7(5): 874-881.

[155] FRIDRICH J, GOLJAN M. Images with self-correcting capabilities[C]// International Conference on Image Processing, 1999. ICIP 99. Proceedings. IEEE, 2002(3): 792-796.

[156] TONG X, LIU Y, ZHANG M, et al. A novel chaos-based fragile watermarking for image tampering detection and self-recovery[J]. Signal Processing: Image Communication, 2013, 28(3): 301-308.

[157] DADKHAH S, MANAF A A, HORI Y, et al. An effective SVD-based image tampering detection and self-recovery using active watermarking[J]. Signal Processing: Image Communication, 2014, 29(10):

1197-1210.

[158] 马巧梅, 邓启森. 基于交叉划分的灰度图像篡改检测与恢复算法[J]. 微电子学与计算机. 2014, 34(9): 96-100.

[159] 邓小鸿, 陈志刚, 毛伊敏.基于无损水印的医学图像篡改检测和高质量恢复[J]. 中国图像图形学报, 2014, 19(4): 583-591.

[160] 石亚南, 李江隐, 康宝生. 基于分层嵌入认证与恢复的自嵌入水印算法[J], 计算机工程, 2016, 42(9): 121-125.

[161] HU Y C, CHOO K K R, CHEN W L. Tamper detection and image recovery for BTC-compressed images[J]. Multimedia Tools and Applications, 2017, 76(14): 15435-15463.

[162] 李淑芝, 李躲, 邓小鸿, 等. 自适应分类的篡改定位和恢复水印算法[J]. 小型微型计算机系统, 2017, 38(11): 2437-2442.

[163] 李淑芝, 黎琛, 邓小鸿. 基于纹理复杂度的图像篡改定位和恢复水印算法[J]. 光电子·激光, 2019, 30(1): 44-51.

[164] 商艳红, 李南, 邹建成. Fibonacci 变换及其在数字图像水印中的应用[J] .中山大学学报(自然科学版), 2004, 43(6): 148-155.

[165] 司银女, 康宝生. 基于改进的 Arnold 变换的数字图像置乱[J]. 计算机技术与发展, 2008, 18(2): 74-76.

[166] 许文丽, 王命字, 马君. 数字水印技术及应用[M]. 北京: 电子工业出版社, 2013.

[167] HORE A, ZIOU D. Image quality metrics: PSNR vs. SSIM[C]// International Conference on Pattern Recognition. IEEE, 2010: 2366-2369.

[168] 刘德春, 张颖颖. 用于图像认证、定位和恢复的半脆弱数字水印的设计与实现[J]. 南阳理工学院学报, 2017(2): 1-5.